KB242336

스스로 공부하게 하는 방법과
천부적 적성

清岩 朴在鉉

경북 영천에서 태어나 1983년 역학계 입문
신의 계시로 입산수도 7년 만에 사주팔자 득도
사주팔자를 자연의 기(氣)과학으로 정립
격국과 용신을 새로운 측면에서 해석
음파메세지(氣) 성명학 창시
PSB방송 출연
울산 매일신문 오늘의 운세 연재 중
울산 제일일보 오늘의 운세 연재 중
여성문화대학 생활역학 강사
사회단체 민족정신계승회 수석연구위원
한울경제연구소 자문위원
(주)황토건설 인력관리부 이사
(주)행복한결혼 자문위원
전 음파이름학회 회장
현 음파메세지성명학회 회장

저서 : 참역학은 이렇게 쉬운 것이다(삼한)
　　　 해몽정본(삼한)
　　　 음파메세지(氣) 성명학(삼한)
　　　 스스로 공부하게 하는 방법과 천부적 적성(삼한)

검색어: 음파메세지
홈페이지 http://www.dao119.com

변함없는 전화 0505-516-2626
휴대폰 010-3566-0344

스스로 공부하게 하는 방법과 천부적 적성

1판 1쇄 인쇄일 2008년 9월 26일 | 1판 1쇄 발행일 2008년 10월 6일

발행처 삼한출판사 | 발행인 김충호 | 지은이 박재현
신고 연월일 1975년 10월 18일 | 신고 번호 제305-1975-000001호

411-776 경기도 고양시 일산서구 일산동 1654번지 산들마을 304동 2001호
대표전화 (031) 921-0441 | 팩시밀리 (031) 925-2647

값 14,000원
ISBN 978-89-7460-135-5　03180

신비한 동양철학 · 85

스스로 공부하게 하는 방법과 천부적 적성

청암 박재현 지음

■ 들어가기 전에

사주쟁이로서 이 책을 내고 싶지 않았습니다. 사주쟁이가 썼다고 하면 독자들이 외면하지 않을까 하는 마음 때문이었지요. 그래도 한편으로는 속이 후련합니다. 독자들을 기만하지 않을 수 있으니까요. 사주를 공부하면서 가장 힘들었던 것은 사주팔자대로 살아가야만 하는 사람은 신의 꼭두각시인가? 왜 똑같은 사주로 태어나는데도 누구는 실패하고, 누구는 성공할까? 하는 문제였습니다. 이 해답을 찾는데 무려 3년이 걸렸습니다. 해답은 사람은 자신의 길을 선택할 수 있고, 그 선택에 따라 결과가 달라진다는 것이었습니다.

예를 들어 두 사람이 똑같은 직장인의 사주로 태어났습니다. 한 사람은 큰 욕심없이 직장생활을 하였고, 한 사람은 꿈과 돈을 많이 벌고 싶은 마음이 있어 사업가가 되었습니다. 직장생활을 한 사람은 승진도 하면서 직장을 그만둘 때까지 큰 문제없이 살았지만, 사업을 한 사람은 관재구설과 시련을 겪으며 가난하게 살았습니다. 이것은 한 사람은 천부적 적성대로 직장생활을 하였기 때문에 큰 고난이 없었고, 한 사람은 천부적 적성을 외면하며 욕심을 부리다

고생한 것입니다. 이것이 바로 자연의 섭리요 법칙입니다. 20여년 동안 이 일을 하면서 많은 사람을 만났으나 사주에 재물이 없는 사람이 사업에 성공한 경우는 한 번도 보지 못했습니다.

 천부적 적성은 필자의 화두였습니다. 상담하면서 가장 많이 들은 말이 "선생님의 예언대로 되었습니다"라는 말이었습니다. 이 무슨 해괴한 말입니까? 필자는 사주를 보고 얘기한 것이지 예언가가 아닙니다. 이 말은 상담할 때 알려준 방법을 듣지 않고 자기 생각대로 운에서 흐르는 대로 나쁜 길을 선택했다는 뜻이지요. 이 말을 왜 하냐면 천부적 적성을 믿지 않을지도 모른다는 노파심 때문입니다. 필자도 예전에는 그랬지요. 노력해서 안되는 일이 어디 있냐고. 하지만 지금은 아무리 노력해도 안되는 일이 분명히 있다는 것을 뼈저리게 실감하면서 사주쟁이로 열심히 살아가고 있습니다.

 자녀를 성공시키고 싶은 마음은 부자나 가난한 사람이나 모두 같을 것입니다. 그러나 현실은 어떻습니까? 가난한 부모를 둔 아이들은 공부할 수 있는 환경이 열악합니다. 빈익빈 부익부 현상이 배우는 아이들 때부터 시작되는 것이지요. 돈이 없으면 교육환경이 좋다는 강남권으로 이사도 못가고, 고액과외는 물론 학원에도 가기 어렵지요. 그러니 가난한 집 아이가 좋은 성적을 내기는 매우 어렵고, 원하는 학교에 들어가기도 어렵습니다. 그러나 실망하기에는 아직 이릅니다. 내 아이가 열심히 공부할 수 있는 방법만 찾는다면 부잣집 아이들과 여건이 같아질 테니까요.

방법이란 첫째는 아이의 재능과 적성을 정확하게 찾는 것이고, 둘째는 공부가 가장 잘되는 시간을 찾는 것이고, 셋째는 공부하려는 마음이 생기도록 동기부여를 해주는 것입니다. 첫째와 둘째 방법은 이 책에서 자세히 설명할 것이니 잘 활용하면 됩니다. 셋째 방법인 동기부여는, 시중에 동기부여에 관한 책과 프로그램이 많이 나와 있지만 실천하기가 쉽지 않습니다. 그리고 대개 대학에 진학할 고등학생을 위한 것과 중학생을 위한 것이 일부 있습니다. 초등학생이나 유아원·유치원생을 위한 것은 전무한 상태입니다. 그래서 이 책에서는 여기에 초점을 맞추었습니다.

그러나 공부는 아이가 스스로 하느냐 하지 않느냐가 문제지, 좋은 학원에 가느냐 못가느냐가 중요한 것은 아니라고 생각합니다. 물론 좋은 학원에 가면 유능한 선생님이 귀에 쏙쏙 들어오게 잘 가르쳐 줄 수도 있으나, 억지로 끌려다니며 공부하는 것보다 스스로 알아서 하는 것이 학습효과가 훨씬 더 좋다는 것을 모르는 분은 없을 것입니다. 따라서 아이의 재능과 적성을 제대로 파악하고, 공부가 가장 잘되는 시간을 찾은 뒤, 효과적으로 동기부여를 해주어 아이가 스스로 공부하려는 마음을 갖는다면 부모의 재력과 관계없이 자녀를 성공시킬 수 있을 것입니다.

　세상에 공짜는 없습니다. 지금 잘 살거나 돈을 잘 버는 사람은 남들보다 열심히 공부하였기 때문입니다. 그들이 열심히 공부한 기간은 초·중·고 12년입니다. 초등학교는 기초공부만 잘하면 되므로 실제로 공부하는 기간은 중·고 6년입니다. 이 6년이 사람의 운명을 바꾸어 놓는 것입니다. 그러니 6년만 목숨을 건다는 자세로 공부한다면 그 후의 삶은 편안하며 행복할 수 있습니다.

　저는 20여년 동안 화두로 삼았던 천부적 적성에서 터득한 것을 자라나는 아이들을 위해, 경제적인 여유가 없어 자녀의 교육문제로 고민하는 학부모들을 위해 하나도 남김없이 모두 이 책에 썼습니다. 여러분의 자녀들이 훌륭한 인재로 성장하여 아름답고 멋진 삶을 살아갈 수 있는데 도움이 되기를 바랍니다. 끝으로 돈 못 번다고 항상 염려해 주시면서 이 책이 나오도록 애써주신 삼한출판사 김충호 사장님께 깊이 감사드립니다.

저자 박재현

차 · 례

1.
이 세상에 공짜는 절대 없다

동기부여란 사람을 비롯한 모든 생물체가 스스로 행동하도록 만드는 것을 말하고, 자신이 원하는 무엇인가를 얻기 위한 목적의식이 강하게 일어나게 하여 목적을 달성하기 위한 행동을 스스로 하도록 하는 메시지다. 동기를 갖도록 하는 메시지의 내용에 따라 동기부여에 대한 반응이 다를 것이다. 다시 말하면 어떤 반응을 원하느냐에 따라 동기부여를 하는 메시지가 달라진다는 것이다.

서커스에서 재주부리는 동물들을 많이 보았을 것이다. 그 중에서도 불을 무서워하는 호랑이가 몸 하나만 겨우 빠져나갈 수 있어 보이는 둥근 가시철망이 불타고 있음에도 그 속을 통과하는 것을 보았을 것이다. 호랑이가 불을 무서워하지 않고 불타는 가시철망을 통과할 수 있는 것은 조련사가 그렇게 훈련시켰기 때문이다. 말을 알아듣지 못하는 호랑이를 훈련시킨다는 것은 어렵고도 어려운 일이다. 더구나 호랑이가 조련사를 해칠 수도 있으니 위험부담도 있다. 그러나 호랑이의 생존에 필요한 먹이와 칭찬을 메시지로 동기부여를 하여 호랑이를 훈련시키는 것이다. 그렇게 훈련한 결과가 바로 호랑이가 관객에게 보여주는 여러 가지 재주다.

맹수의 왕인 호랑이가 조련사의 말이나 행동에 따라 움직이게 만드는 것은 바로 맛있는 먹이와 손으로 쓰다듬으며 해주는 칭찬뿐이다. 이 두 가지로 호랑이뿐만 아니라 엄청난 무게의 코끼리, 무서운 이빨을 지닌 악어·하마·원숭이·돌고래 등 수많은 동물을 훈련시켜 조련사의 말과 행동에 따라 관객에게 온갖 재주를 보여주게 만드는 것이다.

이렇게 많은 동물을 음식과 칭찬으로만 움직인다는 것이 믿어지지 않을 것이다. 그러나 사실이다. 물론 가끔 체벌하기도 하고 채찍으로 겁을 주기도 하지만 조련사의 말이나 행동에 따라 움직이게 만드는 것은 음식과 칭찬뿐이다. 여기서 음식은 동물을 조련사의 말에 복종하게 만드는 동기이고, 그 동기를 계속해서 유발하도록 하는 것이 바로 칭찬이다.

여기서 보여주는 동기의 메시지는 동물을 조련사의 말에 복종하게 하여 재주를 보여주도록 하는 것이다. 조련사가 시키는 대로 하면 맛있는 음식을 주는 것을 반복하다 보면 어느 사이에 동물은 조련사의 말에 따라 움직이지 않으면 먹을 것을 얻지 못한다는 것을 알게 되고, 자연스럽게 조련사의 말에 따라 움직이는 것이다. 여기다 보너스로 조련사가 쓰다듬고 어루만지면서 칭찬을 아끼지 않으니 더욱 더 조련사의 말을 잘 듣는 것이다.

　제대로 메시지가 담긴 동기를 부여하여 말 못하는 동물도 사람이 원하는 대로 움직이게 할 수 있는데 하물며 만물의 영장인 사람은 동물보다 훨씬 더 쉽게 동기를 줄 수 있고, 본인 스스로 알아서 행동하고 움직이게 만들 수 있다. 동물은 생각이 없고 사람은 생각이 있다는 차이가 있지만 그야말로 생각의 차이라고 본다.

　사람도 지도자에 따라 능력이 나타나고 평가되는 경우가 많다. 우리나라가 2002년 이전에는 5회나 월드컵에 출전했지만 단 한 번도 승리하지 못하였다. 특히 1986년 맥시코월드컵 이후 4회 연속 월드컵에 출전했지만 단 한 번도 승리하지 못하였다. 그러다가 2002년의 월드컵에서 4강전에 올라 모두 기적이라고 하였다.

　그러나 그것은 기적이 아니라 히딩크라는 명감독이 있었기 때문이다. 히딩크 감독이 우리 선수들의 재능과 성격을 제대로 분석하고 지도했기에 가능했던 것이다. 한때는 히딩크 신드롬이 생기지 않았던가? 히딩크 감독이 우리나라 축구감독을 맡으면서 한 말이 있다. 우리 선수들은 충분한 가능성이 있다고 믿었고, 그는 그 믿음을 실제로 월드컵 4강이라는 신화로 보여준 것이다.

　이처럼 우리 아이들도 충분한 재능과 가능성이 있다. 다만 부모들이 그 가능성을 모르고 부모의 욕심만 있을 뿐이다. 그리고 아이의 가능성을 우리는 믿어야 하며 그 믿음으로 꾸준하게 아이의 재능과 적성을 알고자 하는 많은 노력이 필요하다. 그 노력을 아끼지 말아야 할 것이며 아이들을 위해서 최선을 다해야 한다.

그러나 사람에게 음식으로 동기부여를 할 수는 없을 것이다. 다른 동기부여 방법을 찾아 활용해야 한다. 물론 음식도 전혀 도움이 되지 않는 것은 아니다. 아이가 열심히 공부하면 그 보상으로 맛있는 간식을 해주는 것은 아주 좋은 방법이다. 동기부여를 찾는 일은 다음으로 미루고 먼저 왜 동기부여를 해야 하는가를 생각해 보자.

우리는 해방 이후 6·25전쟁을 겪으면서 자녀교육보다 먹고 사는 것이 더 급했다. 그래서 자녀에게 관심을 가질 여유가 없었다. 그러나 지금은 경제적으로 안정되면서 생활수준이 좋아졌고 인구도 많이 늘어났다. 새로운 기업과 새로운 일자리가 생기지만 일자리보다 취업하려는 사람이 더 많아지니 경쟁률이 높아질 수밖에 없어 머리를 싸매고 좋은 학교에 진학하려고 안간힘을 쓰는 것이다. 사정이 이러하니 부모들의 최고 관심사는 어떻게 하면 내 아이를 좋은 학교에 보내 사회적으로 성공시킬 것인가 하는 것이다.

사회생활을 시작하려고 준비하는 아이에게는 일생을 좌우하는 매우 중요한 일이며 필히 해야만 하는 것은 바로 공부다. 유치원부터 시작해 대학교까지의 일반적인 과정이다. 아이를 위해 기러기아빠도 마다하지 않는 사람이 점점 늘어나는 추세다. 그러나 여기서 끝나지 않는다. 대학교를 졸업하면 취업에 매달려야 하고, 일부는 대학원에 진학하거나 외국으로 유학을 떠나기도 한다. 이 모든 것이 모두 부모의 뒷바라지가 있어야 가능한 일들이다.

공부를 시작하려는 아이나 현재 공부하는 아이에게 동기부여를 하는 것은 성인에게 동기를 부여하는 것과는 그 의미가 다르다. 성인은 현재의 상황에 따라 그 동기가 달라질 것이며, 하는 일이나 직업에 따라 동기부여를 하는 방법이 다를 것이다. 그렇지만 사회생활을 하려고 준비하는 아이는 목적이 일률적이다. 열심히 공부하여 좋은 직장에 들어가서 돈을 많이 버는 일이다. 목적이 같으니 동기부여의 방법도 같다. 다만 현재의 상황이 제각기 다르니 상황을 참고하여 동기부여를 해야 한다.

선생님이나 부모가 최선을 다해 지도한다고 해도 아이가 선생님이나 부모의 강요에 의해 마지못해 공부를 한다면 보나마나 그 성과는 아주 미미할 것이다. 무슨 일이든 자기가 하고 싶어 하는 일은 가벼운 마음으로 신나게 하니 능률이 엄청나게 좋아지지만 하기 싫은 일은 자기도 모르게 짜증이 나고 스트레스만 받으니 능률이 떨어질 수밖에 없다. 자기가 하는 일에 신명이 나는 사람은 기분이 좋으니 건강할 것이고, 스트레스만 받는 사람은 질병에 걸릴 확률이 높아지니 하는 일이 마음에 드느냐 들지 않느냐에 따라 건강까지 좌우된다.

이렇게 스스로 일을 알아서 기분 좋게 하는 사람과 억지로 하는 사람과는 일의 능률면에서나 심적인 부담과 건강까지 엄청나게 차이가 난다는 것을 모르는 사람은 없을 것이다. 그러나 사람이다 보니 하기 싫은 일을 해야 할 때가 있다. 그 중에서도 가장 중요한 것이 바로 자기 자신을 개발하고 발전시키는 공부다. 그런데 공부하지 않으면 안되는 아이는 그 정도가 더 심하다. 한참 뛰어놀아야 할 아이에게 공부하라고 강요하고, 아이는 하기 싫은 공부를 억지로 하니 그 심적부담과 스트레스 때문에 오히려 심성과 건강을 해칠 수도 있다.

그러나 스스로 공부할 수 있는 여건이 조성되어 기분 좋게 한다면 심적부담은 물론 스트레스도 받지 않을 것이며, 성적이 좋아지면 기분도 한없이 좋아질 것이다. 아이에게 심적부담과 스트레스를 줄 것인가, 아니면 기분 좋게 스스로 공부할 수 있도록 할 것인가는 부모의 생각과 노력에 달려 있다. 부모가 아이에게 어떻게 공부하게 할 것인가에 따라 자녀의 일생이 달라진다. 자녀를 나쁜 길로 가라고 하는 부모는 없겠지만 자신도 모르게 고통의 구렁텅이로 밀어넣을 수도 있다. 자녀를 훌륭한 인재로 키우려면 부모도 자녀가 공부하는 기간만큼은 자녀와 함께 노력해야 한다고 생각한다.

그러나 말처럼 쉬운 일이 아니다. 그렇지만 부모로 인하여 이 세상에 온 아이가 아닌가. 이 세상에서 믿고 의지할 사람은 부모밖에 없다. 그런데 부모가 외면한다면 아이는 갈 곳이 없다. 아이가 스스로 공부할 수 있는 동기를 연구하고 전달하여 스스로 열심히 공부할 수 있도록 최선을 다해 도와주어야 한다.

자녀의 성적을 올리는데 가장 기본이 되며 가장 중요한 것이 바로 자녀 스스로 공부하는 것이며, 자녀가 스스로 공부할 수 있도록 하는 것은 자녀가 스스로 공부할 수 있도록 하는 메시지를 아이에게 전달하여 아이가 스스로 공부할 수 있는 동기를 부여하는 일이다. 자녀가 스스로 공부할 수 있도록 하는 메시지를 아이에게 전달하여 아이가 스스로 공부할 수 있는 동기를 부여하는 일이 다른 어떤 학습방법보다 중요하다. 남이 시켜서 억지로 하는 것이 아니라 스스로 공부해야 학습효과가 좋다.

동기가 없는 행동은 없다. 밥을 먹는 것도 배가 고프다는 동기가 있기 때문이고, 잠을 자는 것도 몸이 피곤하다고 메시지를 보내니 자는 것이다. 동기가 있어야만 사람은 행동하게 되어 있다. 그런데 그 동기를 어떻게 만드느냐가 중요하다. 특히 공부는 목적만 있어서도 안되고, 돈을 많이 벌어 행복하게 살고 싶다는 욕망만 있어도 안된다. 동기를 불러일으킬 수 있는 메시지가 강력해서만 되는 것이 아니라 구체적이고 자세하게 전달해야 한다. 그래야 그 말이 동기가 되어 공부하고 싶은 욕망이 솟아날 것이다.

하지만 어린아이가 스스로 공부의 필요성을 깨닫는 것은 쉬운 일이 아니다. 살아 있는 모든 생명체는 육체를 피곤하게 하는 것보다 재미있고 편안한 것을 좋아하기 때문에 한창 뛰어놀아야 할 아이에게 '출세해야 한다', '좋은 직장을 가져야 한다', '행복하게 잘 살아야 한다' 등의 이야기가 마음에 와닿지 않는다. 결국 부모가 도울 수 있는 방법은 동기부여와 함께 긍정적인 생각과 자존심을 갖도록 하는 것이다. 부모나 교육자가 구체적이며 확고한 메시지를 전달해서 스스로 공부해야겠다는 강력한 욕구가 솟아나도록 해야 학습능력이 오를 것이고, 아이는 스스로 생각하고 결정할 수 있는 능력을 갖게 될 것이다.

동기부여란 이룰 수 있다는 믿음과 기대에서 생기는 욕구라고 할 수 있고, 강력하게 일어나는 성취욕구가 그 사람으로 하여금 행동하게 만드는 동력이 되는 것이다. 구체적이고 확고한 메시지를 아이에게 전달하여 동기부여가 아무리 잘되어도 실천하지 않으면 오히려 불안감을 조성할 수도 있다. 아무리 작은 일이라도 행하지 않으면 이룰 수 없듯이 생각만 하는 것은 머리만 아프지 아무 도움이 되지 않는다. 노력의 대가는 반드시 있고, 노력하지 않으면 얻을 수 있는 것은 아무것도 없다.

이 세상에 공짜는 절대 없다. 아침에 먹는 밥이나 반찬도 그만한 돈을 지불하고 얻은 것이고, 지금 입고 있는 옷도 그만한 대가를 지불하고 사서 입은 것이다. 지금 사는 집·재미있는 책·간식·컴퓨터·책상·자동차·신발 등 돈이나 노동력을 지불하지 않고 얻은 것은 아무것도 없다. 심지어 우리가 숨을 쉬는 공기도 공짜인 것 같지만 절대로 공짜가 아니다.

사람은 음식과 공기를 얻어 존재하고 살아가면서 이 대자연의 변화에 한 몫하고 있다. 음식은 섭취한 후에 소화기관을 통하여 소화를 시킨 후 필요한 영양소만 흡수하고 나머지는 밖으로 내보낸다. 밖으로 나온 음식 찌꺼기는 아주 좋은 퇴비가 되어 다른 생명체가 살아가는데 도움을 준다.

그리고 사람은 공기 속에 있는 산소를 들이마시고 탄산가스를 내놓는다. 그런데 사람이 만들어 내놓는 탄산가스를 필요로 하는 매개체가 반드시 있다. 탄산가스를 마셔야 생명을 이어갈 수 있는 매개체는 탄산가스를 들이마시고 산소를 내놓는다. 그러므로 사람들이 공짜라고 생각하는 공기도 절대로 공짜가 아니다. 사람은 탄산가스를 내놓고 산소를 마실 수 있는 권리를 갖는 것이다.

 이처럼 대가없이는 아무것도 얻을 수 없고, 아무것도 받지 않으면 주지도 않는다. 이런 교환의 원리를 인정하지 않거나 믿지 않고 공정한 교환을 전제하지 않는 한 강한 동기부여에 대한 시도를 성공시킬 수 없다. 동기부여를 성공시키려면 아이에게 이 세상에는 절대로 공짜가 없다는 것을 인식시키고, 반드시 자신이 뭔가를 주어야만 원하는 것을 얻을 수 있다는 것을 깨닫게 해주어야 한다. 그래야만 동기부여가 확실하게 이루어진다.

 심지어 부모가 아이에게 배푸는 것도 공짜가 아니라는 것을 확실하게 인식하도록 해야 한다. 부모도 그들의 부모에게 받은 것을 자녀에게 되돌려 주는 것이다. 자녀도 부모에게 지금 받는 모든 것을 세월이 흘러 자녀가 성장하여 가정을 이루고 자녀를 갖게 되면 그들의 자녀에게 되돌려 주게 된다는 것을 알려주어야 한다.

 이런 자연적인 순환과정을 알게 해주어 이 세상에는 공짜는 절대 없다는 것을 아이가 깨닫게 해야 한다. 이런 원리를 알게 되면 세상을 바라보는 시선이 달라질 것이다. 아주 작고 미미한 일 같지만 아이에게는 가슴에 와닿는 얘기이고, 사람이 살아가는 전 과정을 완벽하게 이해하게 되며, 자신의 미래에 대한 생각을 일깨워주는 동기가 될 것이다. 동기부여에 대한 말은 아무리 강조해도 지나치지 않는다. 그래서 아이에게 확실하게 동기를 일으킬 수 있는 메시지를 전달하는 방법을 연구하고 또 연구해야 한다.

2.
6년 동안만 목숨을 걸어라

우리나라의 교육체제는 초등학교 6년·중학교 3년·고등학교 3년·대학교 4년으로 공부하는 기간이 모두 16년이다. 그러면 이 16년만 열심히 공부하면 모두 훌륭한 인재가 되는가? 아니다. 자기가 하는 일에 따라 공부하는 기간이 달라진다. 16년을 공부하고도 모자라면 대학원에 가기도 하고 외국으로 유학을 떠나기도 한다.

그러나 실제로 입시경쟁에 시달리면서 공부하는 기간은 초등학교 6년·중학교 3년·고등학교 3년이다. 이 12년 동안은 어느 누구도 입시지옥에서 벗어날 수 없는 것이 현재의 우리나라 교육제도다. 따라서 이 기간만 최선을 다하여 열심히 공부한다면 원하는 대학교에 들어갈 수 있다. 그리고 일단 대학교에 들어가면 졸업할 수 있는 곳 또한 우리나라의 교육제도다.

미국(미국이 꼭 좋아서가 아니고)은 대학교에 들어가기는 쉬워도

졸업하기는 매우 어렵다고 한다. 그런데 우리나라는 일단 들어가기만 하면 졸업은 거의 할 수 있으니 이 얼마나 좋은가? 그러니 원하는 대학교에 입학할 때까지만 목숨을 걸고 공부하면 앞날은 보장되어 잘 포장된 도로를 달리는 자동차와 같아진다. 그러나 어느 대학교에 들어가느냐에 따라 운명이 달라지니 일류대학에 가려고 학부모와 학생이 밤잠을 설쳐가면서 고생하는 것이 아닌가.

초·중·고는 명문이 아니더라도 사회에서 인정받는 데는 아무 문제가 없다. 물론 고교평준화 이후로 고등학교 이하에서는 명문이 없다. 전에는 명문고가 있었으나 지금은 고교평준화가 되어 명문이라는 이름은 세월 속에 묻혀 버리고 말았다. 물론 특수목적 학교가 있기는 하지만 말이다. 여기서 말하고 싶은 것은 어느 대학교를 나왔느냐가 중요하다는 이야기다.

이 말은 대학교에 들어가려면 초등학교 6년·중학교 3년·고등학교 3년을 공부해야 한다는 것인데 전부 합하면 12년이다. 이 12년 중에서 초등학교 6년은 그렇게 어려운 공부를 하지 않으니 기본적인 것만 해도 뒤쳐지지 않을 것이다. 그렇다면 중학교와 고등학교 6년 동안만 잘하면 일류대학에 진학할 수 있다는 결론이 나온다. 그러니 이 6년이 운명을 좌우하는 가장 중요한 시기다. 따라서 이때 공부하지 않으면 일류대학은 고사하고 어디에도 들어가지 못하니 남은 삶이 어떠할지는 강건너 불보듯 뻔하다.

우리나라 사람의 평균수명은 2006년을 기점으로 보았을 때 남자는 75세, 여자는 82세다. 그러니 6년 동안 열심히 공부하지 않으면 30

세부터 고생한다고 가정하면 약 45년을 고생하며 살아가야 한다는 것이다. 이와 반대로 6년을 열심히 공부한다면 45년 동안 편안하게 살 것이다. 이 짧은 6년이라는 시간이 사람의 운명을 이렇게 바꾸어 놓는 것이다.

그리고 문제는 그 사람으로 끝나는 것이 아니라 그의 자녀는 물론 자손대대로 가난을 대물림할 수도 있다는 것이다. 자신의 게으름 때문에 후손들까지 어려운 삶을 살아야 한다고 생각하면 6년을 함부로 낭비할 수는 없을 것이다. 그러나 어릴 때는 이런 상황들이 절실하게 느껴지지 않을 것이다. 그래서 부모가 아이가 공감할 수 있도록 잘 설명하여 이해시키고 행동하게 하는 역할을 해야 한다.

문제는 어떻게 이 기간 동안 열심히 공부하게 만드냐는 것이다. 그동안 많은 연구를 한 결과 역시 왜 공부를 해야 하는지를 확실하게 알도록 동기를 부여해 주는 방법밖에는 없다는 결론을 얻었다. 물론 간혹 시키지 않아도 재미있게 열심히하는 아이도 있다. 그러나 대개는 공부하라고 하면 책상 앞에 앉아 졸거나 엉뚱한 생각을 한다. 아이 역시 열심히 하고 싶으나 책만 펴면 자신도 모르게 온갖 잡념이 떠오르고 눈꺼풀이 감기는 것이다.

그러나 공부가 잘되는 시간을 찾아 활용하면 바꿀 수 있다. 물론 누구나 다 되는 것은 아니지만 부모가 관심만 있으면 확실히 바꾸어 놓을 수 있다. 그렇게 되면 공부하고 싶은 생각이 저절로 생겨 자기도 모르게 공부하는 습관이 생길 것이다.

그런데 문제가 하나 있다. 어설프게 아이한테 6년 동안 열심히 공부하지 않으면 평생 고생한다고 잘못 말하면 오히려 불안감만 조성할 수도 있다. 따라서 미래를 현실감 있게 전달하는 것이 중요하다. 뒤에서 그 방법을 논하겠지만 그것은 부모나 교육자의 몫이다. 아이를 곁에서 지켜보며 지도하는 사람이 아이의 성격에 따라 적절하게 전달해야 한다. 그리고 사람은 모두 생각하는 관점이 다르기 때문에 어느 한 가지 방법이 옳다고 할 수는 없다.

어른은 어른의 생각과 눈으로 아이를 본다. 이것은 아이에게 공부하지 말라고 강조하는 것과 다를 바가 없다. 아이를 볼 때는 아이의 눈높이로 보아야 정확하게 아이의 마음을 읽을 수 있다. 갓난아기는 갓난아기의 생각이 있고, 팔순노인은 팔순노인의 생각이 있다. 사람은 나이에 따라 생각이 모두 다르다.

만일 어린아이가 어른의 생각과 어른의 행동을 한다면 그야말로 이 세상은 뒤죽박죽이 될 것이다. 그런데도 부모나 교육자들이 아이의 눈높이에서 지도하지 못하는 경우가 많다. 어린아이에게 자신과 같은 생각을 갖도록 강요하며 채근질을 한다. 이런 생각과 행동은 반드시 고쳐야 한다. 그렇지 않으면 이 세상에서 가장 소중한 존재인 아이의 희망과 꿈은 점점 사라질 것이다.

부모의 입장에서 보면 12년은 긴 시간일 수도 있다. 하지만 아이의 밝은 미래를 생각하면서 12년 동안만 아이를 있는 그대로 보라는 것이다. 그러면 그 아이의 미래는 밝아질 수 있을 것이다. 부모가 나이에 맞추어 내 자녀를 바라본다는 것은 그 아이의 생각과 부모의 생각이 일치한다는 것이며, 아이의 생각을 알면 부모가 아이에게 무엇을 해주어야 할 것인가를 알게 될 것이다. 12년 동안 가장 신경을 쓰고 최선을 다해야 하는 기간이 바로 중학교 3년·고등학교 3년이다. 이 6년은 무슨 일이 있어도 공부에 매달려야만 한다. 사람의 운명을 바꾸는 기간이 바로 이 6년이기 때문이다.

초등학교 때는 성적이 상위권이던 아이가 중학교에 들어가 떨어지는 경우가 많다. 이런 아이는 공부하는 습관이 몸에 베지 않은 것이고, 공부하는 습관이 안되어 있으니 공부하는 방법을 잘 모르는 것이다. 초등학교 때는 조금만 영리하거나 이해력이 빠르면 학교에서 배우는 것만 갖고도 어느 정도 유지할 수 있지만 중학교부터는 상황이 달라지기 때문이다.

그러므로 초등학교 때부터 공부하는 습관이 붙도록 만들어야 한다. 그렇지 않으면 상급학교로 갈수록 성적이 떨어질 수밖에 없다. 규칙적으로 공부하는 습관은 누구에게나 반드시 필요하다. 공부하는 습관이 되어 있지 않으면 공부하는 방법을 모르기 때문에 책상 앞에 앉으면 잡생각들이 머리를 어지럽히는 것이다. 6년 동안은 열심히 공부할 수 있도록 최선을 다해 도와야 한다. 그 방법으로는 동기부여가 최고다. 여기다 칭찬과 격려를 아끼지 않는다면 이보다 더 좋은 방법은 없을 것이다.

다음은 초·중학생에게 부모님께 가장 듣기 싫은 말과 듣고 싶은 말이 무엇이냐고 물었더니 다음과 같은 결과가 나왔다.

부모에게 가장 듣기 싫은 말	
1위	제발 공부 좀 해라
2위	컴퓨터 그만 해라
3위	넌 왜 맨날 그 모양이니?
4위	내가 못살아
5위	커서 뭐가 되려고 그러냐?
6위	말좀 들어라
7위	그러다 맞는다
8위	친구 좀 닮아라
9위	애는 누굴 닮아 이렇게 공부를 못하는 거야?
10위	그것도 못해

부모에게 가장 듣고 싶은 말	
1위	잘했다
2위	맛있는 것 사줄게
3위	컴퓨터 해도 돼
4위	우리 어디 놀러갈까?
5위	좀 쉬지 그러니
6위	고마워
7위	내가 도와줄 일 없니?
8위	예의바르게 잘했다
9위	용돈줄게
10위	네가 최고야

자녀의 미래를 생각하는 부모라면 앞의 말들을 모두 기억해야 할 것이다. 그래서 아이가 듣기 싫어하는 말은 절대로 하면 안되고, 아이가 좋아하는 말은 많이 하도록 노력해야 한다. 만약에 그렇게 하지 않으면 그 사람들은 부모의 자격이 없다고 본다. 사랑의 분신인 자녀보다 자신의 감정을 우선하기 때문이다. 그런 사람들은 차라리 아이를 낳지 않는 것이 더 현명하고 행복할 것이다. 아이는 절대로 부모의 장난감이 아니기 때문이다.

이런 말을 하면 어느 부모가 자식을 장난감으로 생각하겠냐고 말할지 모르지만 실제로는 장난감 취급하고 있다는 것을 알아야 한다. 왜냐하면 한 사람의 인격체로 대해주지 않고 자신의 감정대로 자녀를 대한다는 것이다. 그래서 하는 말인데 장난감이 필요하다면 다른 방법을 연구하고 차라리 인형이나 로봇을 선택해야 한다. 부모를 매개체로 하여 자신도 모르게 이 세상에 온 아이가 무슨 죄가 있겠는가? 그 아이는 부모가 어떻게 사랑하고 가꾸어 주느냐에 따라 행복과 불행을 맞이하는 것이다. 자녀가 잘못되는 것은 순전히 부모의 책임이라는 것을 명심해야 한다.

요즘은 아파트에서 생활하는 사람이 많다. 아파트의 발코니나 베란다를 보면 대부분 화초를 키운다. 그런데 그 화초에 물도 주지 않고 매일 욕이나 하고 인상을 써보라. 그 화초는 며칠 가지 않아 바짝 말라 죽을 것이다. 설사 물은 준다고 해도 쳐다볼 때마다 인상을 쓰고 욕을 한다면 잘 자라지도 못할 뿐더러 곧 말라죽을 것이다. 말을 못하는 화초도 감정이 있는데 하물며 생각도 있고 감수성도 예민한 아이는 그 상처가 클 수밖에 없다. 내 사랑하는 아이를 위해 부모들은 그 아이가 공부하는 기간 동안만이라도 참고 또 참으며 노력해야 한다. 부모도 길게는 12년, 짧게는 6년을 공부하는 자녀와 함께 참고 또 참아야 한다.

아이는 장난감도 아니요, 시키는 대로 하는 로봇도 아니다. 부모와 똑같이 숨쉬고 생각하고 결정하는 그런 사람이다. 이런 아이를 어떻게 로봇처럼 시키면 시키는 대로 하라는 것인가? 그러면 아이의 생각은 없다는 말밖에 되지 않는다. 생각이 없는 아이를 키우느니 차라리 로봇을 입양하는 것이 나을 것이다. 시키면 시키는 대로 다 하니 얼마나 속이 후련하겠는가? 그러나 말 잘 듣는 로봇도 시키면 시키는 대로 다하는 만능로봇은 없다. 에너지가 떨어지면 멈추고, 때로는 고장이 나기도 한다.

3.
미래의 청사진을 보여주어라

6년 동안만 열심히 공부하면 나머지 인생은 즐겁고 행복하게 살아갈 수 있다고 하였다. 그렇다면 6년 동안만 열심히 공부할 수 있도록 하는 방법은 동기를 부여하는 방법밖에 없다고 할 수는 없지만 공부해야겠다고 하는 강력한 욕구를 일으키게 하는 것은 역시 강력한 동기라고 본다. 말은 동기부여라고 하지만 실제로는 동기를 불러일으킬 수 있는 메시지를 전달하는 것이다. 동기를 불러일으키는 메시지가 전달받는 사람에게 깊은 감동과 마음의 동요를 일으킬 수 있는 것이어야 한다.

다시 말하면 동기부여의 메시지를 전달받은 사람이 목숨걸고 공부해야겠다는 강한 욕구가 생겨야 한다는 것이다. 그 방법으로는 여러 가지가 있지만 가장 좋은 것은 사람이 어떻게 살아가는가를 진솔하게 얘기해 주는 것이라고 생각한다. 사람이 이 세상에 태어나 엄마의 젖을 먹기 시작하면서부터 죽을 때까지의 삶을 자세하게 설명하고 이해할 수 있도록 해야 한다.

그 다음에는 공부를 열심히 한 사람이 살아가는 모습과 열심히 하지 않은 사람이 살아가는 모습을 비교하며 왜 그렇게 살아가는지 원인을 자세하게 설명해 주는 일이다. 이런 과정없이 열심히 공부해야 '훌륭한 사람이 될 수 있다', '돈 많이 벌 수 있다', '좋은 회사에 취직할 수 있다', '가난하게 살지 않는다'는 식의 막연한 얘기는 아이에게 아무 공감을 주지 못한다. 앞에서도 말했듯이 이런 말들은 자칫 잘못하면 아이에게 불안한 마음만 가지게 할 수도 있다는 것이다.

그래서 전달하려는 메시지에 대한 철저한 준비가 있어야 한다. 그 방법 중의 하나가 부모가 학교에 다닐 때 공부하던 모습을 진솔하게 얘기해 주는 것이다. 그 다음에 공부를 잘한 사람과 그렇지 않은 사람이 살아가는 모습을 자세하게 설명해 주어야 한다는 것이다. 그 방법들을 순서대로 나열해 보기로 한다.

1) 세월이 흐르면 모든 것이 변한다는 것을 알려준다.

① 예를 들어가면서 구체적으로 설명한다.

② 장난감이나 신발·우산·연필 등 하나하나 예를 들어가면서 말하는 것이 좋다.

③ 실제의 과정을 아이 눈으로 보고 확인하게 하는 것이 좋다. 연필이나 지우개를 예로 설명할 수도 있으나 살아 있는 생명체

(매미·개미·개구리,·메뚜기 등)로 예를 들면 더 좋다. 사람이 태어나고 죽는 과정을 더 설명하기 쉽기 때문이다.

④ 사람의 나이에 따른 변화도 구체적으로 설명해 준다. 이 세상에 태어날 때부터 죽을 때까지의 과정을 살아 있는 생명체와 비교해 가면서 말하면 아이가 이해하기 쉬울 것이다. 그러면서 엄마와 아버지도 세월이 흐르면 나이를 먹고, 나이가 먹어가면서 살아가는 과정과 현상들을 구체적으로 얘기해 주고 부모도 사람이기 때문에 결국은 죽을 수 밖에 없고, 아이도 그 때는 성장하였기 때문에 스스로의 힘으로 살아갈 수밖에 없다는 것을 알아들을 수 있도록 자세하게 설명해 주어야 한다.

2) 부모는 어떻게 공부했는가를 구체적이며 진솔하게 얘기한다.

① 할아버지와 할머니에게 들은 공부하라는 소리가 듣기 좋은 소리만은 아니었다는 사실.

② 할아버지와 할머니가 무서워 집에 늦게 들어갔던 얘기.

③ 공부하기 싫어서 땡땡이 치던 얘기.

④ 친구들보다 공부를 못하여 부끄러웠던 얘기.

⑤ 소풍이나 수학여행에서 재미있었던 얘기.

⑥ 전과나 참고서 살 돈이 없어 친구에게 빌려 본 얘기.

⑦ 참고서 산다고 타낸 돈으로 극장에 갔던 얘기.

⑧ 성적이 조금 올라 선생님·할아버지·할머니께 칭찬받은 얘기.

⑨ 성적이 나빠 선생님·할아버지·할머니께 꾸중들은 얘기.

⑩ 숙제를 하지 않아 선생님께 매맞은 얘기.

⑪ 시험 때 벼락치기로 공부한 얘기.

⑫ 친구집에서 공부한다고 하고 장난치며 놀다가 성적이 떨어진
   얘기 등.

3) 열심히 공부하지 않은 사람이 어떻게 살아가는지 구체적이며 자세
   하게 얘기한다.

① 현재의 경제적인 문제와 사회적인 위치.

② 생활환경.

③ 그들의 자녀가 살아가는 모습 등.

4) 열심히 공부한 사람이 어떻게 살아가는지 구체적이며 자세하게 애
   기한다.

① 현재의 경제적인 문제와 사회적인 위치.

② 생활환경.

③ 그들의 자녀가 살아가는 모습 등.

5) 열심히 공부하지 않으면 어떤 결과가 나타나는지 구체적이며 자세
   하게 얘기한다.

① 대기업이나 좋은 회사에서 일할 수 없다.

② 원하는 직장에서 일할 수 없다.

③ 권력을 쥘 수 있는 공무원이 될 수 없다.

④ 필요한 자격증을 취득할 수 없다.

⑤ 자격증을 취득할 수 없으니 돈을 적게 받을 수도 있다.

⑥ 돈을 벌기 어려우니 모으기도 어렵고, 돈이 없으니 결혼하기도 어렵다.

⑦ 결혼한다 해도 원하는 배우자를 만나기 어렵다.

⑧ 돈이 없으니 좋은 집에서 좋은 차를 타며 살 수 없다.

⑨ 돈이 없으니 갖고 싶은 것이 있어도 살 수 없다.

⑩ 돈이 없으니 자식을 잘 먹이고 잘 입힐 수 없다.

⑪ 돈이 없으니 자식이 원하는 것을 사줄 수 없다.

⑫ 돈이 없으니 가족여행이나 여유로운 생활을 할 수 없다.

⑬ 돈이 없으니 부모께 효도하고 싶어도 할 수 없다.

⑭ 큰 돈이 들어가는 병에 걸리면 치료를 받지 못하여 죽을 수도 있다.

⑮ 돈이 없으니 학교시절 친구들을 만나고 싶어도 만날 수 없다.

6) 열심히 공부하면 어떤 결과가 나타나는지 구체적으로 자세하게 애기한다.

① 재벌그룹이나 좋은 회사에 취직할 수 있다.

② 원하는 일이나 원하는 직장에서 일할 수 있다.

③ 권력을 쥘 수 있는 공무원이 될 수 있다.

④ 내가 하려는 일에 필요한 자격증을 취득할 수 있다.

⑤ 자격증을 취득할 수 있으니 다른 사람보다 돈을 더 많이 받을 수 있다.

⑥ 돈을 버는 일이 어렵지 않고 저축을 많이 할 수 있으니 자연스 럽게 원하는 배우자를 만나 결혼할 수 있다.

⑦ 결혼 후에도 행복하게 살아갈 수 있다.

⑧ 좋은 집에서 좋은 차를 타면서 살 수 있으니 부러울 것이 없다.

⑨ 돈이 있으니 갖고 싶은 것은 언제든지 살 수 있다.

⑩ 자식에게 좋은 음식과 좋은 옷을 사줄 수 있다.

⑪ 자식이 원하는 것은 무엇이든 해줄 수 있다.

⑫ 가족과 여행이나 나들이 등을 할 수 있으니 가정이 화목하다.

⑬ 돈이 있으니 부모에게 효도도 할 수 있다.

⑭ 돈이 많이 드는 병에 걸려도 치료받을 수 있다.

⑮ 돈이 있으니 상류사회의 사람들과 어울리며 살 수 있다.

몇년 전 초등학교 6학년 아이에게 동기를 부여한 적이 있다. 다음은 그 과정을 간단하게 적어본 것이니 참고하기 바란다.

"상현아, 몇 학년이니?"

"예. 6학년인데요."

"그래! 그럼, 이제 곧 중학생이 되겠네?"

"예."

"중학생이 되면 열심히 공부해야 할 텐데, 공부 잘하니?"

"아니요. 잘하지는 못하지만 반에서 중간 정도는 하는데요?"

"그래? 그러면 이 다음에 뭐가 되고 싶으니?"

"어릴 때는 대통령이었는데요. 지금은 선생님이 되고 싶어요."

"친구들과 잘 지내고 동생도 잘 보살펴 주는 것을 보면 상현이는 선생님 자격이 충분히 있다고 생각해. 만약에 선생님이 되면 훌륭한 선생님이 될거야. 그런데 선생님이 되려면 공부를 열심히 해야 할 텐데 잘할 자신있어?"

"솔직히 자신은 없어요. 열심히 공부해도 시험보면 성적이 잘 나오지 않아요"

"그럼 내가 공부 잘하는 방법 가르쳐줄까?"

이 녀석 눈을 동그랗게 뜨고 빤히 쳐다본다.

"아침에 일찍 일어나는 편이니, 아니면 엄마가 깨워야 일어나니?"

"저요? 엄마가 깨우지 않아도 일찍 일어나는데요."

"그래? 저녁에 늦게 자도 아침에 일찍 일어나니? 그렇지?"

"예! 어떻게 아세요?"

"사람은 자기에게 잘 맞는 시간이 따로 있어. 너는 아침에 기분이 좋고, 아침에 기운이 생기는 사람이라고 할 수 있지. 그런데 아침에 일어나면 주로 뭘 하니?"

"세수하고 학교갈 준비해요."

"그 다음에 시간이 남으면?"

"그냥 휴대폰으로 게임해요."

"아침에 공부하면 쏙쏙 잘 들어올 텐데."

"잘 모르겠는데요"

"그래, 그럴꺼야. 아침에 공부해 보지 않았으니. 앞으로는 아침에 공부해봐. 그럼 이해도 잘되고 성적도 쑥쑥 올라갈 거야?"

이 녀석 믿지 못하는 눈치다.

"오늘부터 일찍 자고 일찍 일어나 세수한 후 바로 공부를 시작해봐. 내 말이 사실인지 아닌지."

"정말이에요?"

이 녀석 아침에 공부해 볼 마음은 있는 것 같은데 의심이 많다. 이럴 때는 자신감을 확실하게 심어주어야 한다.

"만약에 아침에 열심히 공부했는데도 성적이 오르지 않으면 내가 맛있는 것 사줄게."

"정말요?"

"그럼."

"그럼 내일 아침부터 일어나는 대로 공부하겠어요."

"그런데 공부하는 척만 하면 안되는 거 알지?"

"저는 한다고 하면 하거든요. 공부하기 싫어서 안하는 것이 아니라 놀다보면 시간이 없어 못하는 거예요."

"요즘은 이 학원 저 학원 다니느라 놀 시간도 별로 없지?"

"예! 놀고 싶어도 놀 시간이 없어요"

"그럼 공부는 내일 아침부터 하면 되고…. 상현아!"

"예?"

"우리나라에서 제일 좋은 대학에 가고 싶지?"

"가고는 싶지만 그게 마음대로 되나요?"

"방법이 있는데 얘기해 줄까?"

“예.”

“자, 그럼 네가 계산을 해봐. 중학교는 몇 년 다니지?”

“3학년까지니까 3년이요.”

“그 다음에 고등학교는?”

“응… 고등학교도 3학년까지 다니니까 3년이요.”

“그러면 앞으로 몇 년 공부하면 대학교에 들어가지?”

“중학교… 3년, 고등학교… 3년이니까 6년이요.”

“그렇지. 계산 잘하네. 그럼 앞으로 6년 동안만 열심히 공부하면 우리나라에서 최고 좋은 대학교에 들어갈 수 있어? 없어?”

“…”

“왜 대답을 안해?”

“제가 공부를 잘 못해서요.”

“지금 공부를 잘하냐 못하느냐를 얘기하는 것이 아니잖아. 6년 동안만 열심히 하면 너는 물론 너와 같은 초등학교 6학년은 누구나 최고 좋은 대학교에 들어갈 수 있다는 것을 말하는 거야.”

“무슨 말씀인지는 알겠는데요.”

“그래…. 중학교 3년과 고등학교 3년 동안을 열심히 공부한 사람은 우리나라에서 제일 좋은 대학교에 들어갈 수 있지만 열심히 하지 않으면 아무 대학에도 갈 수 없어.”

“…”

“너는 제일 좋은 대학에 들어가고 싶지 않니?”

“들어가고는 싶지만 머리가 나빠서요.”

"발명왕 에디슨 알지? 학교에서 배웠지? 에디슨이 뭐라고 했는지
알아? 천재는 1%의 영감과 99%의 노력으로 된다고 했어. 노력만
하면 누구나 천재가 될 수 있다는 거지, 그리고 공부하기 좋은 시
간은 아까 가르쳐 주었잖아. 그 시간을 잘 활용하면 너도 성적이
쑥쑥 올라가 일등도 할 수 있어. 전교 일등도 할 수 있는데."

"그렇게만 된다면 우리 엄마 아빠가 좋아하실 거예요."

"그럼 상현이가 사달라는 것은 다 사주시겠네?"

"아니요."

"왜? 공부 잘하면 다 사주실 수 있을 텐데?"

"우리집은요, 부자가 아니라서 꼭 필요한 것만 사줘요."

"그래. 상현이 다 컸네. 그래도 어릴 때는 장난감 사달라고 떼쓰고
그랬을 텐데?"

"잘 모르겠어요."

"너도 더 자라면 청년이 되고, 청년이 되면 결혼해서 아이를 낳을
텐데. 만약에 네가 아빠가 되었을 때 아이가 장난감 사달라고 조르
면 어떻게 할 건데?"

"저는 무조건 다 사줄 거예요?"

"돈이 없는데도?"

"…"

"네가 공부를 열심히 하지 않아 좋은 대학에 못가고, 또 다른 대
학에도 가지 못하면 직장을 구하기 어려워. 텔레비전에서 봤지? 대
학을 나와도 취직을 하지 못하는 사람이 많다고…."

"예. 봤어요."

"너도 열심히 하지 않으면 그렇게 되는 거야. 취직 못하면 돈도 못 벌텐데 무슨 돈으로 장남감을 사줘? 아무리 네가 사주고 싶어도 돈이 없으니 사줄 수 없어."

"그럼… 어떻게 해요?"

"뭘 어떻게 해? 지금부터 6년 동안 아주 열심히 공부해야지."

"공부만 하면 언제 놀아요?"

"너처럼 푸른색을 좋아하는 사람은 오후 3시 30분에서 5시 30분까지가 공부가 가장 안돼. 그러니 그때 놀면 되지."

"그럼 학원은 언제가요?"

"그래…. 학원이 문제구나."

"내가 네 엄마와 상의해 볼게. 그 시간에는 학원에 가봐야 공부도 안되니 놀게 하는 것이 어떠냐고. 됐니?"

"예."

"너 목소리에 힘이 없는 것을 보니 공부하기 싫은 모양이구나?"

"세상에 공부하고 싶은 사람이 어디 있겠어요?"

"꼭 그렇지도 않아. 네가 놀고 있는 이 시간에도 열심히 공부하는 사람들이 더 많아. 그 아이들도 너처럼 놀고 싶지만 공부를 안하면 안된다는 것을 알기 때문에 공부하는 거야."

"…"

"6년 동안만 열심히 공부하면 그후 40년에서 60년 정도는 편안하게 살 수 있어. 그리고 네가 원하는 물건도 다 살 수 있고, 네 아이가 갖고 싶어하는 장난감도 전부 사줄 수 있고."

상현이가 심각해지기 시작한다.

"이제 왜 6년 동안만 열심히 하면 되는지를 알았으니 오늘부터 일찍 자고 일찍 일어나 아침에 공부해봐. 그리고 6년 동안 열심히 공부할 것인지 놀기만 할 것인지를 결정해도 돼."

"예."

그렇게 말하고 상현이와 헤어졌다. 그후 상현이 엄마에게 들은 얘기는 6개월 정도는 열심히 해서 성적이 제법 오르는 것 같더니 다시 예전대로 돌아왔다는 것이다. 그러나 공부하는 방법이 많이 달라진 것 같다고 하였다. 어떻게 달라졌냐고 물으니 전에는 시켜야만 했는데 요즘은 시키지 않아도 공부하는 시간이 많아졌단다.

아마도 상현이는 이럴 것이다. 공부는 해야겠는데 노는 것이 더 좋으니 노는 데 열중할 것이다. 이런 경우에는 놀고 싶은 마음이 공부하려는 마음을 누르기 때문에 노는 일에 더 열중하게 된다. 놀고 싶어하는 마음을 통제하고 공부하려는 마음을 만들려면 끊임없이 집중적으로 동기부여를 해주어야 한다. 지속적인 동기부여를 해야만 스스로를 채찍질하기 때문이다. 그후 상현이 엄마에게 동기를 부여하는 방법을 알려주었다. 상현이는 지금쯤 열심히 공부하는 고등학생이 되어 있을 것이다.

지속적으로 동기를 부여해 주어야 하는 사람은 학생을 가르치는 선생님이나 부모들이다. 그들만이 지속적으로 동기를 부여할 수 있는 위치에 있고 가장 많이 아이를 알고 가장 많은 시간을 아이와 함께 보내는 사람들이기 때문이다. 그래서 공부는 배우는 학생만이 하는 것이 아니라 교육자나 학부모도 함께 해야 한다. 교육자나 학부모가 먼저 공부하는 아이의 마음을 읽어야 하고, 그 아이의 나이에 맞는 학습법으로 다가가야 한다. 동기부여 방법도 역시 아이의 나이에 따라 다를 수밖에 없고, 또 동기부여를 하는 것도 어떤 방법으로 하는 것이 아이에게 가장 충격을 적게 주면서 아이의 마음을 움직일 수 있을까를 연구해야 한다.

4.
자녀는 부모의 거울이다

여성들은 잘 모르겠지만 군대를 갔다온 사람은 모두 다 안다. 쫄병시절에 고참에게 호되게 당할 때는 나는 고참이 되어도 후배들에게 절대로 체벌을 가하지 않을 것이라고 다짐하고 또 다짐한다. 그러나 막상 고참이 되면 쫄병시절의 맹세는 어디론가 사리지고 후배 병사가 잘못한 것만 눈에 들어와 고참들이 하던 방법보다 더 심하게 체벌한다. 그러면서 하는 말이 있다. 말로만 해서는 도저히 명령을 따르게 할 수 없다는 것이다. 그래도 필자는 사병들에게 손한 번 대지 않고 군대생활을 아주 재미있게 보냈다.

필자는 일반병으로 입영했지만 단기하사에 차출되어 34주의 교육을 받고 하사관으로 임관하여 약 26개월을 2개 소대 내무반장으로 근무하고 만기전역하였다. 그 26개월 동안 우리 소대원은 물론 중대원에게도 단 한 번의 체벌을 가한 적이 없다. 단 한 번의 체벌을 가하지 않고도 얼마든지 명령을 수행하게 하였던 것이다. 물론 필자가 설득력이 있어서도 아니고 명령에 잘 따르는 병사들만 있어서도 아니다.

그 이유는 간단하다. 비슷비슷한 나이에 똑같이 입영통지서를 받고 병역의무를 다하기 위하여 고생하며 군대생활하는데 상급자라는 위치 하나로 병사들에게 체벌하고 싶지 않은 마음에서다. 체벌하지 않아도 병사들은 명령을 잘 따랐고, 그들도 필자도 병역의 의무를 즐겁게 마치고 사회로 돌아올 수 있었다. 함께 고생한다는 필자의 생각이 알게 모르게 병사들에게 전달되어 소통이 잘되지 않았나 생각한다.

꼭 체벌만이 사람을 움직이게 하는 것은 아니다. 칭찬하고 격려하고 모르는 것은 자세하게 설명해서 이해를 돕는다. 다른 사생활은 세심한 관심으로 서로 잘 융화되었던 것이다. 군대도 사람으로 구성된 곳이니 사회와 다를 것이 없다. 아이도 마찬가지라고 생각한다. 체벌만이 유일한 방법은 아니라는 것이다. 쉽게 말하면 자신이 경험해 보지 않으면 상대방의 심정을 이해하기 어렵다는 것이다. 자식일 때는 부모 마음을 모르다가 부모가 된 후에야 그 마음을 알게 되는 것과 같다. 그렇다고 해서 자신의 부모가 한 방법을 그대로 자식들에게 하면 안된다는 것을 말하고 싶은 것이다.

쫄병시절에 받던 고통을 고참이 되어 조금이라도 생각할 수 있는 여유가 있다면 후배 병사들에게 심한 체벌보다는 모르는 것을 자세하게 가르쳐 주고 지도해 주는 멋진 고참이 될 수 있듯이 부모도 자기가 어릴 때 겪었던 일들을 조금이라도 기억한다면 아이를 대하는 태도가 달라질 것이다. 부모의 말 한마디 한마디가 아이에게 기쁨을 줄 수도 있고, 아픔을 줄 수도 있다는 것을 항상 염두에 두고 아이를 대해야 한다. 절대로 사랑하는 내 아이에게는 부모가 겪었던 아픈 기억들이 반복되어 아이의 마음에 상처를 남지 않도록 최선을 다하여 노력하고 사랑하는 부모가 되어야 한다.

부모는 무심코 '애는 누굴 닮아 이렇게 공부를 못하는 거야?' 라는 말을 한다. 이 말은 아이들이 부모에게 가장 듣기 싫은 말 9위에 해당한다. 그런데 정말 웃기는 말 아닌가. 당연히 부모의 유전인자를 갖고 있을 텐데 넌센스 중에서도 넌센스다. 이 말의 의미는 뻔하다. 자기를 합리화시키는 말이 아닌가? 자기는 잘하는데 배우자인 아내나 남편이 그렇지 못하다는 말이다. 그러니 내 아이는 나를 닮지 않고 배우자를 닮았다는 것이다. 상대 배우자도 내가 좋아하고 사랑해서 선택한 사람인데도 부부 사이에서 태어난 아이에게 생각없이 함부로 말하는 것이다.

그러면 내가 선택한 배우자가 바보라고 말하는 것과 다를 바가 없다. 아이의 행동이 마음에 들면 나를 닮은 것이고, 마음에 들지 않으면 절대로 자기를 닮은 것이 아니라 상대 배우자를 닮았다는 것이다. 이 무슨 해괴망칙한 말인가? 어차피 반반의 DNA가 합성되어 이 세상에 태어난 아이인데 부모의 양쪽을 모두 닮을 수밖에 없는 것이 아닌가? 부모의 성격을 닮았는데 그 닮은 성격이 어디 멀리 가겠는가? 콩 심은데 콩나고 팥 심은데 팥이 나오는 것은 당연한 것인데 어찌 내 자식이 나를 닮지 않았다고 입만 열면 말하는지 모르겠다. 그 말에 아이는 상처를 입는데도 말이다.

먼저 부모의 생각부터 바꾸어야 한다. 부모의 생각이 바뀌지 않으면 자녀를 바꾸기는 매우 어렵다. 물론 스스로 알아서 하면 얼마나 좋겠냐마는 스스로 알아서 하는 아이가 과연 몇이나 되겠는가. 부모도 사람인지라 때로는 인내심이 한계에 이르러 '넌 안돼!', '넌 도대체 누구를 닮아 그 모양이니?' 등 아이에게 정신적으로 상처를 주는 말과 행동도 서슴지 않을 때도 있다. 그러나 남을 배려하고 사랑할 줄 알며 인내할 줄 아는 자녀로 성장하기를 원한다면 부모가 먼저 성숙해져야 한다.

옛날 옛날에 언챙이가 아버지가 살았다. 이 언챙이 아버지가 '바람풍'을 '바담풍'이라고 하니 아들도 '바담풍'이라고 하였다. 그러자 아들의 뒤통수를 치면서 "야! 이놈아. 나는 바담풍이라고 해도 너는 바담풍이라고 해야지!" 하니, 아들이 "아버지! 아버지는 앞말도 바담풍, 뒷말도 바담풍이라고 하면서 무슨 말을 고치라고 그러세요?" 한다. "야! 이놈아! 무슨 말이 그렇게 많아. 애비가 바담풍이라고 해야 한다면 그렇게 해야지!"

아버지는 자신의 발음이 틀린 것을 탓하지 않고 아들의 발음의 탓하니 답답한 노릇이다. 그러나 아들은 도대체 무엇을 고치라는 것인지 알 수 없을 것이다. 우리네 부모들도 이와 같지 않을까? 다음과 같은 행동도 '바담풍'과 다를 것이 없지 않을까?

① 아이에게는 지각하지 말라면서 부모는 늦게 일어나 이리뛰고 저리뛰는 모습.

② 아이에게는 정리정돈 잘하라면서 부모는 책상을 온통 흐트러 놓은 모습.

③ 아이에게는 컴퓨터게임 하지 말라면서 부모는 고스톱이나 포카에 빠진 모습.

④ 아이에게는 텔레비전 보지 말라면서 부모는 공부하는 아이 방까지 텔레비전 소리가 들리게 하는 모습.

⑤ 아이에게는 매일 일기 쓰라면서 부모는 가계부가 일주일 이상 밀려 있는 모습.

⑥ 아이에게는 매일 책 읽으라면서 부모는 아예 책을 읽지 않거나 며칠째 신문을 읽지 않고 쌓아놓은 모습.

언챙이 아버지는 어쩔 수 없어 그렇게 하지만 이런 행동은 아이를 진정으로 생각하고 아끼는 모습은 아니라고 본다. 부모는 이렇게 하면서 어떻게 아이에게 '바람풍' 해야 한다고 할 수 있겠는가? 자녀는 부모의 거울이다. 부모의 행동을 그대로 보고 배우는 것은 당연한 일이다. 부모의 유전자까지 고스란히 물려받고, 항상 부모와 함께 생활하면서 가까이서 보고 배우니 따라할 수밖에 없다. 곤충이나 동물도 어미를 통하여 살아가는 방법을 배우고 익힌다. 하물며 만물의 영장인 사람이 부모의 행동을 보고 배우는 것은 당연하다.

오래 전에 아름다운 비행(원제목 : Fly Away Home)이라는 영화를 본 적이 있다. 늪지대 개발 때문에 어미를 잃은 야생 기러기 알들을 주인공 에이미라는 소녀가 보살피며 기르는 과정을 아주 흥미롭고 재미있게 그린 영화다.

야생 기러기들을 자연에 적응시키려고 애쓰던 에이미는 아빠에게 행글라이더를 조종하는 방법을 배워 하늘을 날게 된다. 하늘을 나는 에이미를 어미로 알고 일직선으로 길게 따라가는 15마리의 기러기가 보여주는 아름다운 광경은 많은 참으로 감동적이었다.

여기서 우리는 한 가지 짚고 넘어가야 한다. 그것은 기러기는 알에서 나올 때 본 새나 사람을 어미로 알고 따른다는 것이다. 그래서 자신을 기르고 키워준 에이미가 하늘을 날자 따라서 함께 하늘을 날게 된 것이다. 새도 이러한데 어떻게 사람이 난 '바담풍' 해도 넌 '바람풍'이라고 해야 한다고 강요할 수 있겠는가?

자녀를 둔 부모는 각성해야 하고 자신이 자라고 공부한 과정을 진솔하게 아이에게 얘기해 주어야 한다. 많은 사람들이 아버지가 학교에 다닐 때는, 또는 엄마가 학교에 다닐 때는 하면서 자신을 합리화하며 미화시킨다.

그러나 아이들은 엄마 아빠가 거짓말을 한다는 것을 잘 안다. 그런데도 아이가 공부나 행동을 잘못하면 한결같이 나는 너처럼 하지 않았다고 거짓말을 한다. 그러면서 한술 더 떠 '너는 도대체 누굴 닮아 그렇게 공부를 못하니?' 하면서 아이의 가슴에 대못을 박는다. 자신은 거짓말을 밥먹듯이 하면서 아이에게는 공부를 잘하라고 강요한다.

 부모들이여! 당신네들이 학교에 다닐 때 공부를 잘했다는 뻔한 거짓말을 듣는 아이가 열심히 공부하겠는가? 실제로 당신네들이 학교에 다닐 때 부모에게 들은 잔소리를 생각해 보라! 부모의 잔소리를 듣고 열심히 공부하였던가? 스트레스를 많이 받았던가? 열심히 공부한 사람은 별로 없을 것이고, 스트레스만 엄청나게 받았을 것이다.

 그런데도 우리 부모들은 공부하라는 말들로 일관하여 아이에게 스트레스만 잔뜩 쌓이게 만들어 아이의 공부하고 싶은 생각을 몽땅 날려버리는 것이다. 잔소리를 하면 절대 공부가 안되고 오히려 스트레스만 받아 자기 자신도 모르게 공부하지 않으려는 반발심이 더 강하게 일어난다는 것을 부모는 알아야 한다.

 아이는 부모가 걸어온 길을 그대로 따라가는 것이니 부모가 살아온 길을 진솔하게 얘기해 주어야 한다. 그렇게 하여 아이는 부모가 공부한 과정과 지금의 상황 등을 알게 되어 '아! 아버지와 엄마가 그렇게 공부했고, 그래서 지금 이렇게 사시는구나' 하면서 아버지와 엄마의 삶을 이해한다면 아이와 대화가 통하고, 아이는 자연스럽게 공부할 마음을 갖게 된다.

 왜냐하면 부모가 공부를 어떻게 했고, 그 결과가 지금의 모습이니 아이는 공부가 얼마나 중요한가를 깨닫게 될 것이며 자신이 열심히 공부하지 않으면 어떤 결과를 낳게 된다는 것을 실감할 수 있을 것이니 지금의 아버지나 엄마보다 더 보람되고 알찬 삶을 살아가기 위해서 최선의 노력을 다할 것이다.

한마디도 꾸미지 말고 진솔하게 얘기해 주어야지 조금이라도 거짓을 보탠다면 얘기를 하지 않는 것보다 못하리라 생각한다. 학교에 다닐 때의 성적표 같은 것이 있으면 더 많은 자극을 줄 수 있을 것이다. 어느 부모가 자기 자식들에게 자신이 열심히 공부하지 않은 사실을 말하고 싶겠는가?

그렇지만 귀엽고 사랑스러운 자식들의 장래를 생각한다면 반드시 얘기해 주어야 한다. 어릴 때 열심히 공부하지 않은 것에 대하여 부끄러워할 이유는 없다고 생각한다. 그 당시에는 나이가 어려서 노는 것을 더 좋아한 죄밖에 더 있는가? 놀기를 좋아하는 것은 어린아이에게 당연한 일이다. 다만 그 결과가 오늘날에 이렇게 나타났다는 것을 아이에게 보여주려는 것이니 결코 부끄러워만 할 일은 아니라고 생각한다. 더구나 내 아이의 행복한 미래를 위한다면 말이다.

부모의 꿈과 희망도 곁들여서 얘기하는 것이 좋다. 이러 이러한 꿈이 있었다는 것과 만일 그 꿈을 이루었으면 이룰 수 있었던 과정, 이루지 못했으면 이룰 수 없었던 과정을 진솔하게 얘기해야 한다. 그래야만이 자녀도 그 말을 참고하고 길잡이 삼아 자신의 꿈과 희망을 키워 나갈 것이다.

그렇다고 할아버지와 할머니가 공부를 시켜주지 않아 공부를 못했다는 식의 말은 좋지 않다. 이 또한 부모가 자신을 합리화시킨다는 것을 알기 때문에 누구 때문에 공부를 못했다는 말은 하지 않는 것이 좋다. 모든 것을 노력했기 때문에, 또는 노력하지 않았기 때문에 현재에 이르렀다는 것을 사실대로 얘기해 주어야 한다. 그러면 서로 공감대를 형성되어 아이는 부모의 마음을 이해하려고 노력하고 부모와 가까워지려고 할 것이다.

 자식을 위해서라면 목숨도 아끼지 않는 것이 부모의 마음이 아닌가. 이런 마음으로 아이에게 다가간다면 아이도 부모를 이해하면서 어떻게 하면 부모님의 마음을 기쁘게 해드릴 수 있을까를 고민할 것이다. 진솔한 생각과 마음으로 다가간다면 아이에게 엄청난 변화가 생기는 것은 틀림없다.

5.
기초공부를 확실하게 해야 한다

중학교나 고등학교에 들어가 공부하고 싶은 마음이 드는 경우가 있다. 그러나 많은 학생들이 '나는 기초가 부족해'라는 말을 한다. 공부하고 싶어도 기초를 모르니 지금 배우는 것을 이해할 수 없다. 그러니 포기할 수밖에 없는 상황이 된다. 그러다 보면 공부하려던 마음은 스트레스만 받고 포기하는 경우가 많다. 물론 다시 기초공부를 해서 따라잡는 학생도 있다. 그러나 기초가 부족한 것을 알면서도 다시 할 생각을 하지 않는 학생들이 의외로 많다.

이런 현상이 생기는 것은 교육의 성과를 측정하는 잘못된 방법 때문일 것이다. 아이의 인성을 평가하고 지도하는 것이 아니라 시험성적만을 평가의 기준으로 삼은 결과라고 생각한다. 그렇다고 여기에서 인성교육에 관한 것을 논하기는 어렵지만 다음은 우리나라 최고의 이공계 대학인 한국과학기술원(KAIST)이 2008년도 신입생

선발제도에 대한 발표 내용이다.

　국내 최고의 이공계 대학인 한국과학기술원(KAIST) 신입생 선발 제도가 학업성적보다 인성과 창의성을 갖춘 영재발굴형으로 바뀐다고 한다. 한국과학기술원은 26일 내신성적과 각종 경시대회 성적 등 석차 중심으로 뽑아오던 기존 입시제도에서 탈피하여 내년부터 종합적 인성과 창의성을 보다 중점적으로 평가한다는 새 입시제도 개혁안을 장순흥 부총장이 발표했다.

　개혁안에 따르면, 한국과학기술원은 앞으로 고등학교 성적과 생활 기록부·공인영어성적·자기소개서·추천서 등으로 구성된 서류 평가로 정원(약 700명)의 2~2.5배의 후보자를 선정한 뒤 인성면접을 통하여 학업수행능력과 생활태도·특기활동 등을 종합평가하는 방법으로 신입생을 최종선발할 계획이다.

　인성면접의 평가항목은 창의성과 탐구력·논리성·사회성·자기 관리력·특정분야 영재성 등으로 구성되며, 평가의 객관성을 유지하기 위해 채점의 방법 등도 마련 중이다. 한국과학기술원은 이와 함께 과학고 등 지원자가 많은 학교에 교수를 직접 파견, 학생들의 자질을 현장평가하는 방안도 검토 중인 것으로 알려졌다.

　장순흥 부총장은 "새 제도가 시행되면 신입생의 학업성적이 다소 낮아지겠지만 사교육에 의지해 현재까지 공부 잘하고 성적이 좋은 학생보다 앞으로 공부를 잘할 수 있고 훌륭한 사회인으로 성장할 가능성이 높은 학생을 뽑을 수 있는 긍정적 효과가 기대 된다"고

배경을 설명했다. 장 부총장은 또 "미래의 국가 경쟁력은 단순한 지식 누적형 인재가 아니라 창의성과 리더십을 갖춘 창조적 인재에 의해 좌우된다"면서 "한국과학기술원의 입시제도 개혁이 주입식 위주 교육의 폐단을 개선하고 공교육을 정상화시키는 계기가 될 것"이라고 말했다.

이렇게 입시제도가 인성을 중시하는 방향으로 가는 추세인데도 아직도 교사나 학부모들의 관심은 오직 성적이다. 자나깨나 성적만 좋으면 공부를 잘 한다는 생각뿐이므로 인성이나 기초공부에 관심이 없어 보인다. 성적만 좋으면 원하는 대학에 들어갈 수 있다는 생각만 머리에 가득차 있으니 기초공부가 잘되어 있는지 아닌지는 관심이 없다. 그러니 시험점수가 좋아도 기초공부가 부족한 아이가 의외로 많다.

건물을 지을 때 가장 중요한 것이 바로 기초공사다. 기초공사가 부실하면 그 건물은 머지않아 무너지고 말 것이다. 사상누각이라는 말이 있다. 이 말은 모래 위에 세운 누각이라는 뜻으로, 기초가 튼튼하지 못하면 곧 무너지고 만다는 것을 일깨워 주는 말이다. 어떤 건물을 짓든지 기초를 튼튼하게 하기 위하여 지질을 검사하고, 그 검사 여부에 따라 건물을 세울 방법을 결정한다. 만약 지반이 약하면 흙을 다지고 자갈을 깔아 그 위에 콘크리트 공사를 하여 튼튼하게 만든 후 기초를 세워야 한다.

그러나 기초가 약한 토양 위에 건물을 짓는다면 기초공사가 부실하니 그 건물은 완성되기도 전에 무너지고 말 것이다. 이렇게 사상 누각처럼 기초가 허술한 토양 위에 건물을 지으면 오래 지탱하지 못하고 무너지는 것을 증명이라도 하듯이 어느 날 성수대교가 무너진 것이다. 성수대교의 붕괴는 기초공사의 부실이지 다른 이유가 없다. 만일 기초공사를 튼튼하게 잘했다면 그런 참사는 없었을 것이다. 공부도 마찬가지로 기초를 충실하게 하지 않은 상태에서 아무리 열심히 해봐야 사상누각과 다를 바가 없다.

초등학교에서 배우는 기초공부만 제대로 되어 있다면 공부는 언제든지 할 수 있다. 건물공사도 기초가 튼튼하면 그 위에 수십층을 더 올려도 무너지지 않고, 수명도 오래 가는 것과 마찬가지로 공부도 기초가 제대로 되어 있어야 그 위에 새로운 공부를 차곡차곡 얼마든지 쌓을 수 있는 것이다.

따라서 초등학교 시절의 공부는 성적보다는 기초공부를 하는데 주력해야 한다. 중학생이나 고등학생이 되어 공부하고 싶은 생각이 드는 학생들이 기초공부를 다시 하는 것을 많이 보았다. 기초공부가 부족하여 더 이상 진도가 나가지 않으니 할 수 없이 다시 기초공부를 하는 것이다. 기초공부를 다시 하고 나면 새롭게 대하는 문제들도 이해하기 쉽고, 학교에서 배우는 진도도 따라잡을 수 있다. 그러니 성적도 쑥쑥 오르고 점점 공부에 재미를 느끼니 자연스럽게 공부에 빠져들게 되는 것이다.

기초공부가 제대로 되어 있지 않은 상태에서 진도가 나가면 나갈수록 시간만 허비하고 머리만 복잡해질 뿐이다. 기초공부가 완벽하지 않은 상태에서는 진도를 따라가는 그 시간에 기초공부를 다시 하는 것이 더 시간을 유용하게 활용하는 방법이라고 생각한다. 기초공부를 완벽하게 해야만 그 다음 공부를 계속할 수 있고, 쉽게 좋은 학교에 진학할 수 있을 것이다.

무너진 성수대교의 교훈을 절대로 잊으면 안된다. 공부도 기초가 튼튼하지 못하면 어느 순간에 무너진다는 것을 염두에 두고 기초공부를 철저하게 해야 한다. 사실 알고 보면 기초공부는 그렇게 어려운 것이 아니다. 그러나 그 기초공부를 완벽하게 하기 전에 이미 다음 진도로 나간다는 것이다.

왜냐하면 교사 입장에서는 그 학기에 그 책을 모두 가르쳐야 하기 때문이다. 그러니 기초공부를 완벽하게 쌓기 전에 이미 진도는 나가니 기초가 약한 학생들이 많이 생길 수밖에 없다. 기초를 배울 수 있는 시간이 부족하니 기초를 완벽하게 다질 수 없고, 기초가 부족하니 진도를 따라갈 수 없어 성적이 점점 뒤쳐질 수밖에 없다.

기초를 철저하게 하려면 진도를 무시하고서라도 기초공부에 전념해야 한다. 진도 나가는 것을 무시하면 어떻게 따라 가느냐고 반문할지도 모른다. 기초만 튼튼하게 할 수 있다면 진도를 따라잡는 것은 어려운 일이 아니라고 생각한다.

건물을 지을 때도 기초공사가 튼튼하면 건물도 쉽게 지을 수 있다. 기초공사를 확실하게 해서 건물이 견고하고 튼튼한 것이 좋지, 기초공사가 부실하여 무너진다면 건물을 짓지 않은 것보다 못하다.

이와 마찬가지로 기초공부가 완벽하지 않은 상태에서 아무리 열심히 공부한다 해도 문제 자체가 이해되지 않으니 정답만 외우는 결과를 초래하고, 공부하는 시간만 낭비하며 스트레스만 받는다. 기초가 부실하여 무너지는 건물과 다를 바가 없다. 그리고 기초공부를 하는 시기는 정해져 있다. 그 시기를 놓치면 기초공부를 하는 데도 매우 어려워진다. 물론 과목에 따라 기초공부를 하는 시기가 다르겠지만 그 시기를 놓치면 안된다. 따라서 기초공부를 할 때는 기초공부에만 전념해야 한다.

기초공부만 제대로 해놓으면 다른 공부는 언제든지 마음만 먹으면 할 수 있다. 기초공부란 것이 묘해서 처음에 제대로 배우지 않고 그 시기를 넘기면 다시는 하기 어려워지는 것이다. 건물을 지을 때 기초공사가 잘못되면 모두 허물고 다시 지어야 하는데 허문다는 것이 어려우니 대충 땜질하는 방법으로 하고 만다.

이와 마찬가지로 기초공부가 되어 있지 않은 상태에서 어수선하게 쌓아놓은 것들이 오히려 방해만 되어 기초공부가 더 어려워지는 것이다. 그러므로 기초공부를 해야 할 시기를 놓치지 말고 철저하게 완벽한 기초공사를 해야 한다. 그런 후에 그 위에 차곡차곡 새로운 학문을 쌓아가야만 한다. 무슨 일이든지 시작이 중요하다. 배움도 마찬가지로 시작이 중요하니 기초공부를 철저히 해야 한다는 것을 명심하고 또 명심해야 한다.

다음은 어느 초등학생이 인터넷에 올린 공부 잘하는 방법이다. 실제로 공부하고 느낀 것을 쓴 것이라 많은 도움이 될 것 같아 옮겨본다.

안녕하세요. 초등학생이 기초공부 잘하는 방법을 알려드릴게요. 길더라도 제 얘기를 끝까지 들어주시기 바랍니다. 제가 그렇게 잘 알지는 못하나 열심히 하면 좋겠다는 의미로 올립니다.

1. 공부 잘하는 나만의 비법

샤프 1개, 연필 4자루, 헌 공책이나 새 공책 2권, 자 1개, 미술용 지우개, 형광펜 2개 이상, 볼펜 3개(빨강·검정·파랑), 사전, 수첩 1개, 빨강색연필 1개를 준비하고 다음과 같이 활용한다.

① 샤프 : 수학에서 도형을 그릴 때는 두께가 달라 모양이 변하는 연필보다 일정하게 그려지는 샤프가 더 좋습니다.
② 연필 : 샤프보다 연필을 쓰는 이유는 글씨를 바르게 쓰기 위해서입니다.
③ 미술용 지우개 : 깔끔하게 지워집니다.
④ 첫 번째 공책 : 오답노트입니다(자세한 것은 수학비법 참고).
⑤ 두 번째 공책 : 필기용입니다. 중요한 내용을 기록합니다.
⑥ 자 : 수학에 유용합니다. 항상 갖고 다녀야 합니다.
⑦ 형광펜 : 아주 중요한 부분을 표시합니다. 색깔별로 표시하세요. 예를 들어 분홍은 선생님이 중요하다고 한 것. 노랑은 내가 중요하다고 생각하는 것.
⑧ 파랑볼펜 : 형광펜과 같은 용도로 사용합니다. 그냥 알아두면

좋겠다 싶은 것을 줄쳐 두세요.

⑨ 빨강볼펜 : 추가 내용을 씁니다.

⑩ 검정볼펜 : 다용도로 쓰세요. 공부할 때 필수입니다.

⑪ 사전 : 모르는 단어를 스스로 찾습니다.

⑫ 수첩 : 자신이 잘했다고 생각하는 일을 적고, 공부한 시간도 적
습니다(1쪽마다. 그리고 부모님의 사인을 받으세요).

⑬ 빨강색연필 : 스스로 체점하고 이해합니다.

2 과목별로 잘하는 비법

1) 국어, 모든 과목의 기본이다.

초등학교 때 가장 중요한 과목을 누가 뭐래도 국어입니다. 국어는 모든 과목의 기본이거든요. 초등학교 때 글을 읽고 이해하는 능력을 제대로 길러놓지 않으면 중학교에 올라가 공부를 잘할 수 없어요. 그리고 국어를 못하면 다른 과목도 잘할 수 없어요. 그러므로 초등학교 때는 국어를 충실히 하는 것이 무엇보다 중요합니다.

■ 국어 잘하는 방법

① 책을 많이 읽으세요.

② 일기를 매일 쓰세요.

③ 모르는 단어가 나오면 국어사전을 찾는 습관을 기르세요.

2) 수학, 기초가 튼튼해야 한다.

 수학은 다른 과목과 달리 앞에서 배운 내용을 이해하지 못하면 지금 배우는 것을 이해할 수 없어요. 초등학교 고학년 수학은 저학년 때 배운 내용이 밑바탕이 돼요. 그러므로 수학 기초가 부실한 친구들은 지금부터라도 노력해야 돼요.

■ 수학 잘하는 방법

① 수학은 매일 반복해서 학습하는 것이 중요해요.
② 틀린 문제는 다시 풀어보세요(나만의 오답노트를 만들어 풀이 과정에서 틀린 부분을 색연필로 표시해 두세요).
③ 풀이과정을 잘 써두면 실수를 줄일 수 있어요.

3) 사회, 단순 암기보다는 이해하는 것이 중요해요.

 대부분 사회과목을 암기과목으로 알고 있어요. 그래서 사회시험을 볼 때 중요한 부분은 무작정 외웠을 거예요. 하지만 사회는 암기를 하는 것보다 이해하는 것이 중요해요. 역사를 예로 들어 볼게요. 수업시간에 배운 역사적 사실들을 아무리 줄줄 외웠다 하더라도 전체의 흐름을 이해하지 못했다면 역사공부를 제대로 했다고 할 수 없어요. 왜 그 사건이 일어났고, 그 영향으로 어떻게 되었는지 그 연관성을 이해하는 것이 더 중요하답니다.

■ 사회 잘하는 방법

① 우리나라나 세계 역사와 관련된 역사책을 많이 읽으세요.

② 신문이나 뉴스를 통해 다양한 정보를 접하는 것이 좋아요(텔레
비전 사극을 보는 것도 역사공부에 많은 도움이 되지요).

③ 사회 교과서를 끝까지 훑어본 후 다시 꼼꼼하게 읽어보세요.

④ 지구본이나 지도를 곁에 두고 활용하세요.

4) 과학, 호기심을 갖는 것이 중요해요.

과학은 우리 주변의 환경에서 일어나는 자연현상에 대해 배우는 과목이에요. 어떤 현상이 일어나는 원리를 배우고, 다시 그것을 실험과 관찰을 통해 확인하는 것이지요. 따라서 과학을 잘 하려면 일상생활의 여러 가지 현상에 호기심을 가져야 해요. 예를 들어 구름은 왜 생길까? 겨울에는 왜 오줌이 자주 마려운 걸까? 등의 호기심을 가져야 해요. 그것이 과학탐구의 시작입니다.

■ 과학 잘하는 방법

① 다양한 실험관찰을 체험한다.

② 호기심을 많이 갖고 그 호기심을 풀려고 노력한다.

④ 집에서 동·식물을 키우거나 간단한 실험을 직접 해본다.

④ 고장난 물건을 직접 고치면서 부품과 원리를 알아본다.

3. 공부 잘하는 비법 베스트7

1) 공부하는 습관을 기르세요.

스스로 공부하는 습관을 기르면 누구나 우등생이 될 수 있어요. 스스로 공부하는 습관을 기르는 가장 좋을 비법은 매일 정해진 시간에 열심히 하는 것이랍니다.

2) 교과서에 충실하세요.

학교시험은 교과서를 중심으로 하는 것이 가장 효과적이에요. 교과서는 그 학년에서 배워야 할 것들이 잘 정리된 책이에요. 따라서 교과서만 다 알아도 학교성적은 걱정할 필요가 없답니다.

3) 수업시간에는 절대 다른 짓을 하지 마세요.

선생님 말씀에만 집중해서 들어도 그 시간에 다 이해할 수 있거든요. 그러면 집에 가서 공부를 많이 하지 않아도 된답니다.

4) 계획을 세우고 실천하는 것이 중요해요.

구체적인 목표를 세운 후 계획대로 공부하면 훨씬 능률적으로 공부할 수 있습니다.

5) 공부할 때는 집중해야 해요.

공부를 몇 시간 했느냐가 중요한 것이 아니라 얼만큼 집중해서

했느냐가 중요하답니다.

6) 책상에 앉으면 바로 공부를 시작하세요.

책상에 앉았는데 공부가 잘되지 않을 때는 의자에서 내려왔다가 다시 공부할 마음이 생기면 시작하는 것이 좋답니다.

7) 내가 시험문제를 내는 선생님이라고 생각해 보세요.

시험을 잘 보는 비결은 시험공부를 할 때 내가 시험문제를 내는 선생님이라고 생각해 보세요. 그러면 무엇을 중심으로 해야 하는지 알 수 있을 거예요.

다시 강조하지만 건물을 견고하고 튼튼하게 지으려면 기초공사가 완벽하게 되어야 한다. 기초공사가 허술하면 그 기초공사 위에 건물을 제대로 지을 수도 없을 뿐더러 설사 건물을 지었다 해도 오래 가지 않아 무너지고 말 것이다. 아이의 공부도 건물을 짓는 것과 같다. 처음부터 기초학문을 제대로 이해하고 익혀야만 그 위에 새로운 학문들을 쌓아올릴 수 있을 것이다. 많은 지식과 학문을 쌓아올리려면 기초부터 튼튼하게 배우고 익혀야 한다.

6.
스스로 공부하는 습관 길러주는 방법

세 살 버릇 여든까지 간다는 속담이 있다. 이 말의 의미를 모르는 사람은 없을 것이다. 어릴 때 버릇이 어른이 되어도 자신도 모르게 나온다는 말이다. '어릴 때 버릇 나오네!' 라는 말을 들어본 적이 있을 것이다. 왜 이 말을 하냐면 공부도 습관에 따라 달라진다는 것이다. 어릴 때 공부는 하지 않고 놀기만 하면 노는 것에 더 익숙해져 계속 놀려고만 한다. 사람이나 동물이나 편안한 것을 좋아하고 노는 것을 좋아하기 마련이다. 공부하라는 말을 하지 않아도 알아서 공부하는 아이가 얼마나 될까? 그리 많지는 않을 것이다.

습관이란 어떤 행위를 오랫동안 되풀이 하는 과정에서 저절로 익혀진 행동방식 또는 학습된 행위가 되풀이 되어 생기는 행동을 말한다. 습관을 만들어가는 것은 쉬운 것 같으면서도 어렵다. 스스로 공부할 수 있도록 하는 방법은 공부하는 행동을 반복하여 자기 자신도 모르게 공부하고 싶어하는 습관을 만들어가야 한다.

성인도 이미 길들여진 습관은 고치기 어려운데 하물며 아이들이야 거의 불가능하다고 해도 과언이 아닐 것이다. 아이 스스로 공부하는 습관을 기르기에는 무리이기 때문에 부모가 적극적으로 개입해야 한다. 사나운 맹수를 길들이기 위해서는 새끼 때부터 길들여야 하는 것과 마찬가지로 아이도 어릴 때부터 체계적이고 규칙적으로 공부하는 습관을 길러주는 것이 중요하다.

1) 규칙적으로 공부하는 습관을 길러준다.

어릴 때부터 규칙적으로 공부하는 습관을 길러주면 훌륭한 인재로 성장시킬 수 있다. 불규칙적으로 공부하는 아이의 성적은 들쑥날쑥하다. 특히 시험 때 벼락치기로 공부하는 아이에게는 더 필요한 습관이다.

2) 체계적으로 공부할 수 있도록 도와준다.

아이들은 항상 새로운 세계에 대한 호기심과 함께 불안한 마음을 갖는다. 이런 불안한 마음을 지니고 있으면 열심히 공부한다고 해도 두서없이 공부하게 될 것은 뻔하다. 두서없이 공부하면 공부한 만큼의 성적도 기대하기 어렵고, 나아가 더 공부를 잘한다는 보장도 없을 뿐더러 아이에게 큰 발전을 기대하기 어렵다.

사람이나 동물이나 편안하게 노는 것을 좋아하는데 체계적으로 하나하나 공부하는 습관을 길러주지 않는다면 노는 일에만 정신이 팔리기 마련인 아이는 자연스럽게 노는 일에만 열중하게 될 것이다. 처음부터 완벽한 것은 없다. 처음부터 차근차근 체계적으로 공부하는 습관을 길러주다 보면 어느 날부터인가는 혼자서도 열심히 공부하고 노력하는 아이가 될 것이다.

3) 체계적이고 규칙적으로 공부하는 습관을 길러주는 것은 아이의 능력을 평가하기 위한 것이 아니다.

아이에게 체계적이고 규칙적으로 공부하는 습관을 길러주는 목적은 아이가 훌륭하게 자라서 자기 자신과 이 사회를 위하여 좋은 일을 하는 인재로 성장할 수 있도록 도와주는 것이지, 머리가 영리한지 아닌지를 측정해 보려는 것은 절대 아니다. 아이가 영리한지 영리하지 않은지를 떠나 체계적이고 규칙적으로 공부하는 습관만 제대로 길러진다면 어느 누구라도 훌륭한 인재로 성장할 수 있다. 에디슨이 한 말이 있지 않은가? 천재는 1%의 영감과 99%의 노력이라고. 99%의 노력으로 우리 아이를 훌륭한 인재로 자랄 수 있도록 도와주어야 한다.

4) 언어폭력이나 체벌은 절대 안된다.

아이도 하나의 인격체로 감정도 있고 생각도 있다. 그런데도 아이에게 마구잡이식으로 언어폭력이나 체벌을 하는 경우를 많이 본다. 언어폭력이나 체벌은 아이의 마음에 깊은 상처를 남기고, 그 상처는 잘 치유되지 않는다. 심한 사람은 평생을 안고 가기도 한다. '너는 왜 그러니?', 너는 생각이 왜 그렇게 짧으니?', 너는 수학을 왜 그렇게 못하니?', '넌 누굴 닮아서 그러니?' 등 부모가 아무 생각 없이 던지는 한마디에도 아이는 큰 상처를 입는다. 언어폭력이나 체벌은 학습능률을 올리기 보다는 오히려 떨어뜨리며 아이의 마음 에 상처만 남긴다는 것을 염두에 두어야 한다.

5) 아이의 눈높이에 맞춘다.

아이의 생각을 읽기는 매우 어렵다. 그러나 노력하면 얼마든지 아이의 마음을 알 수 있는데도 부모들은 자신의 생각으로만 가르치고 지도하려고 한다. 아이의 나이에 맞는 생각으로 접근해야 부모와 아이는 공감대를 형성하고, 아이는 자연스럽게 부모의 말을 따를 것이다. 아이의 생각은 무시하고 부모의 생각만으로 지도하면 전혀 다른 길로 가는 것을 알게 될 것이다. 그 일을 알았을 때는 이미 습관이 된 버릇을 고치기는 어렵고, 고치려면 매우 많은 노력 과 시간을 지불해야 한다. 그러니 처음 시작할 때 아이의 눈높이에 맞추어 지도해야 한다.

6) 즐겁게 지도하고 돈이 들지 않는 칭찬을 활용해라.

피그말리온 효과라는 말이 있다. 심리학에서 사용하는 말로 칭찬하면 할수록 더 잘한다는 뜻이다. 『칭찬은 고래도 춤추게 한다』는 책이 베스트셀러가 된 적이 있다. 내용은 대기업의 중역인 웨스 킹슬리라는 사람이 어느 날 범고래쇼를 보고 어떻게 바다의 포식자인 범고래가 조련사의 지시에 따라 이리 뛰고 저리 뛸까 하는 궁금증에서 시작하여 그 과정을 그린 소설이다.

범고래가 춤을 추는 것은 조련사의 아낌없는 칭찬이었다. 고래가 춤을 추는 행위를 반복하면 조련사에게 칭찬을 받을 수 있다고 생각하고 계속 춤을 추는 것이다. 범고래를 다그치거나 벌을 주거나 먹이를 주어서가 아니라 격려하고 칭찬을 아끼지 않은 것이 범고래가 높은 곳까지 뛰어오를 수 있도록 만든 것이었다.

'칭찬은 고래도 춤추게 한다'는 말처럼 칭찬은 아이뿐만 아니라 어른에게도 귀로 듣는 보약과도 같다. 하지만 자녀를 키우면서 부모가 실천하기 어려운 것 중의 하나가 칭찬하는 일이다. '칭찬할 일이 없어서' 혹은 '참 잘했다는 말 외에 마땅히 표현할 말이 없어서' 등의 다양한 이유로 칭찬의 중요성을 알면서도 칭찬하지 못하는 경우가 많다. 칭찬의 시작은 가장 하기 쉬운 칭찬부터 하는 것이다. 아이가 항상 잘하던 일이라 당연히 그러려니 했던 사소한 일부터 하나씩 시작하는 것이 중요하다.

7) 칭찬도 계획적으로 요령있게 해야 효과가 있다.

그러나 칭찬할 때도 아무렇게 하는 것이 아니라 요령과 방법이 있다. 그 요령과 방법·칭찬의 효과 등을 알아본다.

■ 칭찬하기 위한 준비 작업

① 바보를 천재로 바꾸는 방법은 칭찬밖에 없다. 평강공주는 애정

어린 칭찬으로 바보온달을 장군이 되게 하였다.

② 칭찬하면 칭찬받을 일을 하고, 체벌하거나 나무라면 체벌이나 나무람을 받을 짓을 한다.

③ 칭찬만이 사람을 바꾸는 유일한 방법이다.

④ 남을 칭찬하다 보면 내 마음이 더 밝아지고 즐거워진다.

⑤ 칭찬할 수 있는 일을 찾아서라도 한다.

⑥ 사소한 일부터 칭찬하는 습관을 길러라.

⑦ 칭찬은 목마른 사람에게 물을 주는 것처럼 달콤하고 시원하다.

⑧ 칭찬을 많이 하면 할수록 그 효과는 배가 된다.

⑨ 약점도 칭찬할 수 있는 사람이 되라.

⑩ 칭찬은 의욕을 높여 열심히 공부할 수 있는 에너지가 된다.

⑪ 한마디의 칭찬이 아이의 정신세계를 성숙하게 만든다.

⑫ 한마디의 칭찬이 기를 살리며 천재로 만드는 바탕이 된다.

⑬ 칭찬받은 아이는 발걸음이 가볍고 노래가 저절로 나온다.

⑭ 칭찬하면 공감대를 형성하여 의사소통이 잘 된다.

⑮ 칭찬은 불가능도 가능하게 만드는 위대한 힘이 있다.

■ **칭찬하는 방법**

① 애매모호한 추상적인 칭찬보다는 구체적이고 분명한 칭찬이 아이의 마음을 기쁘게 만든다. 예를 들어 어지러놓은 방을 치우라고 한 후 방을 치웠을 때는 "네가 엄마의 말을 잘 따라주니 정말 고맙고 대견하구나"라고 말할 수 있다. 반면 아무 말을 하지

않았는데 아이가 스스로 방을 치웠다면 "네가 알아서 청소를 했구나. 참 잘했다"라는 식으로 짚어가며 칭찬할 수 있다. 이렇게 해야 아이는 자신이 왜 칭찬을 받았는지 분명하게 알고 이후에도 같은 행동을 계속한다.

② 칭찬이 길어지면 칭찬인지 잔소리인지 구별이 안된다. 간단명료하게 하는 것이 더 깊은 감동을 주며 기억에도 오래 남는다.

③ 사람은 누구나 자기를 자랑하고 싶어하며 남에게 인정받기를 원한다. 특히 아이는 자기 자랑을 더 하고 싶어하고 남들에게 인정을 받고 싶어한다. 특히 부모에게 인정받고 싶어하는데 쑥스럽고 어색하여 하지 않을 뿐이다. 이런 아이를 남 앞에서 칭찬하면 아이의 기분은 이 세상을 다 얻은 것 같을 것이다. 남 앞에서 자연스럽게 아이를 칭찬하는 것은 아이에게 용기와 희망을 주며 아이의 자존심을 살려주는 길이다.

④ 칭찬을 잘 하지 않는 것은 사소한 감정을 무시하기 때문이다. 사소한 일로 칭찬받는 사람은 기분이 더 좋아질 것이니 아이의 행동에 세심한 관심을 갖고 사소한 일이라도 칭찬을 아끼지 말아야 한다. 모든 칭찬은 사소한 일부터 시작한다.

⑤ 칭찬은 때와 장소를 가리지 않고 해야 한다. 밥을 먹다가도 할 수 있고 길을 가다가도 할 수 있다. 칭찬할 일이 있으면 바로 하는 것이 좋다.

⑥ 성적이 잘 나왔다는 결과보다는 잘 나오게 된 과정을 칭찬하는 것이 좋다. 예를 들어 아이가 학교시험에서 전보다 나은 성적을

받아 왔을 때 "네가 00점을 받아서 참 기쁘다"라고 말하는 것보다 "그동안 네가 열심히 공부했다는 것이 자랑스럽구나. 노력하니까 이렇게 좋은 결과를 얻게 되었지? 네가 열심히해서 엄마는 정말 고마워"라고 말하는 것이 좋다. 이렇게 과정을 칭찬하면 아이는 성적을 올리는 일보다 노력하는 사람이 될 것이다. 이런 칭찬은 아이에게 긍정적인 생각을 갖게 하고 다음 칭찬을 받기 위해서 칭찬받는 과정을 반복한다는 것이다. 그러면 성적은 자연히 오를 수밖에 없다.

⑦ 따뜻하고 다정하게 하는 칭찬도 좋지만 더 중요한 것은 몸으로 하는 칭찬이다. 때로는 열 마디 말보다 다정다감한 몸짓 하나가 더 강렬하고 함축적인 의미를 표현할 때가 있다. 아이를 따뜻하게 안아주기, 머리 쓰다듬어 주기, 얼굴을 맞대고 코를 비벼주기, 두 팔을 머리 위로 올려 하트 모양 만들기 등 다양한 방법으로 표현할 수 있다. 이런 행동은 '엄마는 너를 사랑한다', '지금 네가 하는 행동이 너무 자랑스럽다' 라는 말이 포함되어 있다는 걸 아이는 몸으로 느낀다. 가능하면 언행이 일치되는 칭찬을 하는 것이 가장 바람직하며 아이의 마음을 신명나게 만든다.

⑧ 부부는 일심동체라지만 아이를 보는 눈은 다를 수 있다. 한쪽은 칭찬하는데 한쪽은 시큰둥하면 아이가 혼란을 느낄 수 있다. 칭찬하거나 나무랄 때는 부부가 일관성 있게 하는 것이 좋다.

⑨ 칭찬은 그때 그때 해야 한다. 부모가 기분이 좀 나쁘거나 일이 바쁘다고 하여 칭찬할 시간을 미루면 칭찬의 효과가 반감된다.

아이는 눈치가 백단도 더 되는데 기분이 좋을 때만 칭찬한다면 아이는 행동하기 전에 먼저 부모의 기분을 살피는 버릇이 생길 수도 있다. 따라서 칭찬은 미루지 말고 바로 그 자리에서 하는 것이 아이에게 최상의 컨디션을 만들어 줄 것이다.

⑩ 칭찬을 많이 하는 것은 자기가 할 일을 스스로 하도록 하는데 있다. 따라서 시키지 않았는데도 잘 했을 때는 더 많이 칭찬하고 격려해 주어야 한다. 그러면 앞으로도 스스로 알아서 올바른 행동을 할 것이다. 이것이 칭찬의 목적이고 칭찬의 효과다.

⑪ 부모가 하지 말라고 한 것을 지켰을 때도 아낌없이 칭찬해야 한다. 아이에게 하지 말라고 해놓고는 무관심하게 지나치면 아이는 부모의 말을 따르지 않는 습관이 생길 수 있다. 많은 부모가 자신이 정한 일을 잘 따랐을 때는 칭찬하지만, 하지 말라고 한 일을 하지 않았을 때는 당연한 일로 여기거나 생각없이 지나칠 때가 많다. 아이의 행동 하나 하나에 세심한 관심을 기울이는 것이 바로 칭찬할 수 있는 기회를 만드는 것이니 세심하게 관심을 갖고 지켜봐야 한다.

■ **칭찬한 후에 생기는 일**

① 스스로 칭찬받을 수 있는 행동을 한다.

② 긍정적인 생각과 행동으로 바뀌어 간다.

③ 잘할 수 있다는 자신감과 용기가 생긴다.

④ 모든 일을 적극적으로 한다.

⑤ 마음이 따뜻해지며 대인관계에서 융통성을 발휘하니 학교생활
이나 가정생활에 활력이 생긴다.

⑥ 모든 일에 의욕이 생기고 자신있게 공부할 수 있다.

■ 하지 않은 것만 못한 칭찬

① 거짓으로 하는 칭찬.

② 순간적인 충동만 부추기는 칭찬.

③ 뻔히 아는 것을 덮으려는 칭찬.

④ 알맹이 없는 칭찬.

⑤ 의미없는 칭찬.

⑥ 기분을 붕 뜨게 만드는 칭찬.

⑦ 잘 모르면서 아는 것처럼 하는 칭찬.

■ 꾸지람이나 체벌을 효과있게 하는 방법

① 아이를 키우다보면 칭찬할 일보다 혼낼 일이 더 많다. 그러나
꾸중할 때도 재치있고 재미있게 하면 효과가 더 있을 것이다.

② 일관성 없이 혼내거나 화를 내는 것이 가장 나쁘다.

③ 혼낼 때는 이유를 알려주는 것이 중요하다.

④ 꾸중도 칭찬과 마찬가지로 바로 하는 것이 좋다.

⑤ 꾸중하기 전에 아이가 왜 그런 행동을 했는가를 생각해 본다.
원인을 알면 해결방법도 알 수 있고, 해결방법을 제시해 줄 수
있기 때문이다.

⑥ 꾸중하기 전에 아이의 입장에서 왜 그런 행동을 했는가를 생각해 보고, 아이에게 왜 그랬는지 물어본다. 부모가 아이의 행동을 이해하면 더 올바른 방향을 제시해줄 수 있기 때문이다.

⑦ 꾸중하는 것도 일사부재리의 원칙을 적용해야 한다. 오늘 잘못한 일로 과거의 잘못까지 들먹이거나, 한 번 잘못한 것을 며칠씩 꾸중하면 아이는 심한 상처를 입는다. 한 번의 잘못은 한 번의 꾸지람으로 끝나야 한다. 만일 과거에는 잘했는데 오늘은 잘못했다면 과거에 칭찬한 일을 거론하며 오늘의 잘못을 꾸짖는 것이 좋다. 예를 들면 "오늘은 제 시간에 공부하지 않았구나" 하는 것보다 "어제까지만 해도 엄마가 없어도 잘해서 엄마는 네가 무척 자랑스럽다고 생각했는데, 오늘은 잊어버렸니?"라고 하는 것이 훨씬 효과적이다.

⑧ 똑같은 행동인데도 부모의 상황이나 기분에 따라 꾸중이 달라지면 안된다. 이런 상황이 반복되면 아이는 혼란을 느끼고 부모에 대한 신뢰감을 잃는다. 아이는 자신의 잘못을 반성하기 보다는 부모의 표정과 기분을 살피는 습관이 생기게 된다. 절대로 기분에 좌우되는 칭찬이나 꾸지람을 하면 안된다.

⑨ 잘못을 나무라는 것이 아니라 아이 자체를 비난하는 것은 매우 좋지 않다. 아이의 자존심은 산산히 부서지고 마음의 상처를 입는다. 예를 들면 "넌 누굴 닮아 그렇게 말을 안 듣니?", "엄마가 시키는 대로 하지 않으면 미워할 거야" 같은 말이다. 아이를 나무라는 것은 잘못된 행동을 고치려는 것이다. 항상 아이도 하나

의 인격체라는 사실을 잊으면 안된다.

⑩ 부모도 사람인지라 감정이 조절되지 않을 때가 있다. 다른 일로 기분이 나쁠 때는 아이를 꾸짖지 말아야 한다. 만일 기분이 나쁠 때 감정을 실어 아이를 혼내는 경우가 반복되면 아이는 부모의 말과 행동에 예민해지며 눈치를 살피게 된다. 따라서 감정을 조절할 수 없는 상태이면 아이와의 대화는 뒤로 미루는 것이 좋다.

⑪ 나무랄 때는 무엇을 잘못했는지 자세히 설명하고, 다음에는 이렇게 해야 한다고 말해야 한다. 그래야 아이가 자신이 무엇을 잘못했는지를 알고 고치려고 노력할 것이다.

⑫ 나무랄 때 다른 사람과 비교하면서 비난하면 아이는 마음의 상처를 입을 뿐 아니라 자신감도 떨어지니 조심해야 한다.

⑬ 사랑의 매라면서 아이를 때리는 경우가 있는데 이것은 큰 잘못이다. 매로 사람의 마음을 다스린다면 두려움 때문에 따라하는 시늉만 할 것이다. 물론 충격요법으로 한 번 정도는 있을 수 있지만 횟수가 늘어나면 안된다. 언제나 사랑과 대화로 해결해야 한다는 마음가짐이 중요하다.

⑭ 아이의 자존심이나 인격을 무시하는 말은 절대로 하면 안된다.

⑮ 장난삼아 나무라거나 꾸짖는 것은 아이에게 반감만 사니 꾸중할 때는 확실하게 해야 한다.

⑯ 무엇을 잘못했는지도 모르는 상태에서 갑자기 때리면 아이는 매우 당황할 것이다. 나중에 하는 설명은 효과가 없으니 벌이나

매를 들기 전에 왜 꾸지람을 듣는지를 충분히 설명한 후에 해야 아이가 잘못을 깨닫고 다음에는 그런 행동을 하지 않으려고 노력할 것이다.

⑰ 손이나 발로 아이를 때리는 것은 감정이 섞이기 때문에 아이에게 반감만 사게 되니 삼가해야 한다.

⑱ 다른 사람이 보는 앞에서 칭찬하는 것은 매우 좋지만 체벌을 가하는 것은 아이의 자존심을 마구 짓밟는 마찬가지다. 따라서 체벌을 가할 때는 둘이 있을 때 해야 아이에게 상처를 주지 않으면서 효과를 볼 수 있다.

⑲ 너무 잦은 체벌이나 꾸중은 아이에게 면역성만 키워 대수롭지 않게 생각할 수 있으므로 조심해야 한다.

⑳ 감정이 담긴 체벌이나 꾸중은 좋지 않으니 감정이 가라앉은 후에 하는 것이 좋다. 부모의 기분 나쁜 감정이 아이에게 전달되면 아이는 자연스럽게 부모의 감정상태를 살피고 부모의 감정상태에 따라 행동한다.

㉑ 간혹 아이의 능력을 고려하지 않고 무조건 강요하는 부모가 있다. 부모의 생각대로 하라고 강요하는 것은 아이의 인격을 존중하지 않는 것이니 항상 조심해야 한다.

8) 학습 태도에 따라 적절하게 보상한다.

 잘한 일을 적절하게 보상해 주면 아이의 마음도 즐겁고, 나아가서는 그 보상을 받으려고 더 열심히 노력한다. 보상으로는 신체접촉이나 칭찬, 아이가 좋아하는 음식이나 좋아하는 물건 등을 사준다.

9) 아이가 충분히 할 수 있을 것이라고 믿는다.

아이가 충분히 할 수 있을 것이라는 믿음과 항상 관심을 갖는 것이 아이를 가르치고 지도하는 기본임을 명심해야 한다. 부모의 믿음은 아이에게 힘찬 기운을 불어넣어 주는 것과 마찬가지다. 부모와 자식 사이에도 두터운 믿음은 반드시 필요하다.

10) 계속 칭찬하고 격려한다.

교사나 부모는 항상 말과 행동으로 격려와 칭찬을 해주어야 하고, 할 수 있다는 자신감을 심어주어야 한다.

11) 신뢰와 존경을 바탕으로 학습이 이루어져야 한다.

아이와 부모 사이에도 신뢰와 존경이 중요하다. 그 신뢰와 존경이 아이의 인성을 좋게 만들며 학습능률을 높여준다.

12) 시간을 잘 활용하면 시간을 절약하고 학습능력을 높일 수 있다.

사람마다 공부가 잘되는 시간과 잘되지 않는 시간이 있고, 그 시간을 잘 활용해야 한다. 시간을 아는 방법은 나중에 논할 것이다.

13) 공복일 때 공부하는 것이 가장 좋다.

공복일 때가 정신적으로 가장 긴장되어 있고 보상으로 주는 간식도 효과가 좋다. 이때 간식의 크기가 그면 정신을 온통 먹는 것에 쏟기 때문에 피하는 것이 좋고, 과일이나 음식도 아주 작고 단번에 먹을 수 있는 것이 좋다. 그리고 배가 부르면 잠이 오니 식후에는 휴식을 취하는 것이 좋다.

14) 체벌위주로 지도하는 것은 절대 금물이다.

감수성이 많은 아이를 체벌하거나 심하게 몰아부치면 마음의 상처를 입는다. 그리고 선생님이나 부모의 눈치를 살피며 마지못해 공부하는 척하지만 보이지 않는 곳에서는 공부를 하지 않기 때문에 절대로 체벌위주로 지도를 하는 것은 피해야 한다.

15) 효과는 빨리 나타나지 않으니 꾸준하게 기다린다.

빠른 시간 안에 학습효과를 기대하지 말고 꾸준하게 기다리는 것이 중요하다. 아무리 좋은 학습방법이라도 금방 효과가 나타나지는 않는다. 그리고 성적이 조금 올랐다고 크게 기뻐할 일도 아니고, 좀 떨어졌다고 해서 흥분할 일도 아니다. 언젠가는 틀림없이 좋은 성적이 나올 것이라는 믿음을 갖고 꾸준하게 지켜보는 것이 사랑하는 자녀를 훌륭한 인재로 성장할 수 있도록 도와주는 일이다.

16) 기분 나쁘거나 시간에 쫓길 때는 아이와 대화하지 않는다.

선생님이나 부모도 사람이기 때문에 기분이 나쁘거나 시간에 쫓기면 자칫 감정이 앞서기 때문에 아이에게 화풀이를 하거나 짜증을 낼 수 있기 때문이다.

17) 처음부터 긴 시간 공부하는 것은 좋지 않다.

처음부터 오랜 시간 공부하게 하면 오히려 아이는 공부를 혐오하거나 기피하게 된다. 처음에는 짧은 시간부터 시작하여 점점 늘려가고, 부모가 아이와 함께 공부한다면 그 효과는 배가 될 것이다.

18) 공부하는 흉내만 내도 진심으로 칭찬한다.

아이가 공부하는 흉내만 내도 진심으로 칭찬해 주고 안아주는 것이 좋다. 부모가 기뻐하면 아이도 기뻐하기 때문이다. 그 기분으로 공부하면 능률은 훨씬 더 높아진다.

19) 기초를 마친 후 다음 과목으로 넘어간다.

튼튼한 건물을 지으려면 기초를 확실하게 다져야 하듯이 공부도 마찬가지다. 확실하게 기초를 다진 후 다음으로 넘어가야지 성급하게 진도를 나가면 혼란만 초래한다. 그리고 더 전문적인 공부를 할 때가 되면 사상누각처럼 무너질 수도 있다. 그때 다시 기초공부를 하지 않도록 기초공부를 착실하게 해두어야 한다.

20) 문제의 깊이를 이해하고 깨우치는 것이 중요하다.

문제 하나를 더 맞추어 성적이 오르는 것이 능사가 아니라 문제의 깊이를 이해하고 깨우치는 것이 중요하다. 아이가 공부를 잘하고 못하고가 문제가 아니라 공부하는 습관을 길러주는 것이 더 중요하다. 공부하지 않으면 왜 안되는가를 이해하고 깨우쳐 주는 것이 중요하다. 이것이 결국은 동기부여가 되어 아이 스스로 공부할 수 있도록 만들어가는 과정이 될 것이다.

21) 아이가 교사나 부모의 의도대로 된다고 생각하면 안된다.

아이들에게는 그들만의 세계가 있다. 그리고 아이의 나이를 항상 염두해야 한다. 어린아이에게 경험하지 않은 것을 기대하거나 추상적인 말로 이해시키려고 하는 것은 어불성설이다. 어른들의 생각으로 말하고 이해하라고 하는 것은 걷지도 못하는 아이에게 달리라고 하는 것과 마찬가지다. 어른과 같은 생각을 하라고 하고 어른과 같이 행동하라고 요구하거나 강요하면 오히려 역효과가 생긴다.

22) 인내와 끈기 그리고 애정은 필수덕목이다.

학생을 지도하는 교사나 부모에게는 인내와 끈기 그리고 애정이 반드시 있어야 한다. 일단 훈련을 시작했으면 아이가 잘 따라주지 않는다고 포기해서는 안되고, 충분한 시간과 편안한 마음으로 꾸준하게 임해야 한다. 길어봐야 12년이나 6년이며 대학교에만 들어가면 알아서 공부할 것이니 부모의 짐은 한결 가벼워질 것이다.

지금까지 학습방법을 살펴보았다. 머리가 좋은 사람이든 나쁜 사람이든 체계적으로 가르치고 지도한다면 능력은 얼마든지 생길 수 있다. 인간의 능력은 무한대라고 생각하기 때문이다. 그 무한대의 가능성을 지닌 아이들을 무능하게 만드는 것은 교사와 부모들이다. 사랑스럽고 귀여운 내 아이를 훌륭한 인재로 키우는데 최선의 노력을 다해야 한다.

세 살 버릇 여든까지 간다고 하지 않았는가. 아이가 열심히 놀면서 공부도 열심히 할 수 있도록 공부하는 습관을 철저하게 길러주어야 한다. 1년에 10만 명이나 되는 10대 아이들이 가출한다고 한다. 여기에 내 아이가 포함되지 않을 것이라는 보장은 없다. 조금만 더 참고 노력하는 부모가 되기를 간절하게 바란다.

7.
적성을 외면하는 것은 행복을
버리는 지름길이다

　이 세상을 살아가면서 노력하지 않는 사람은 단 한 사람도 없을 것이다. 그런데 가난한 사람은 왜 가난하고, 부자인 사람은 왜 부자인가? 가난한 사람들도 열심히 최선을 다하면서 살아왔을 것이다. 그런데도 그들은 가난하게 살 수밖에 없고, 노숙자로 살아갈 수밖에 없는 원인은 어디에 있을까?

　결과가 있으면 반드시 원인이 있다. 그 원인을 추정해 보면 그들은 자신의 재능이나 적성을 제대로 발견하지 못하고 임시방편으로 세상을 살았기 때문이라고 생각한다. 자신의 재능이나 적성을 제대로 알고 활용했다면 가난하거나 노숙자가 되지는 않았을 것이다. 결과가 좋지 않은 것은 모두 과욕이 만든 것이다. 무슨 일이든 돈만 벌 수 있다면 하는 생각으로 욕심을 부렸고, 힘들고 어려운 일은 하기 싫으니 기피했을 것이고, 편안하고 힘이 적게 드는 일만을 골라 가난하거나 노숙자 신세로 전락한 것이다.

 사람이 세상을 살아가면서 하고 싶은 대로 원하는 대로 모두 다 이룰 수 있다면 얼마나 좋겠는가? 천국이나 극락이 멀리 있는 것이 아닐 텐데 세상 일이란 원하는 대로 모두 이룰 수가 없다. 그럼에도 사람들은 자신이 주인공이고 자신이 원하는 것은 다 이룰 수 있을 것이라고 막연하게 생각하며 살아가고 있다.

 본능적으로 행동하며 살면 별 문제없이 살아갈 수도 있다. 그러나 대부분의 사람들은 텔레비전이나 매스컴을 통하여 보고 들은 좋은 것만 하고 싶고 갖고 싶은 욕심으로 돈만 많이 벌 수 있다면 자신의 재능이나 적성과 관계없이 직업을 결정한다.

 가난하게 된 원인은 성인이 되어 생긴 것이 아니다. 이미 어릴 때부터 싹트기 시작하여 성인이 되면 완전하게 자라는 것이다. 어떻게 어릴 때부터 가난의 싹트기 시작하냐고 반문할 것이다. 어릴 때 아이의 적성을 제대로 발견해 활용할 수 있도록 도와주지 못하고 돈벌이가 잘되는 인기직업이나 성적에만 의존하여 상급학교로 진학했으니 이미 가난은 시작된 것이나 마찬가지다.

 적성이란 무엇인가? 그 사람의 재산목록 1호다. 이것을 잘 개발하여 직업을 선택하면 평생 걱정없이 편안하고 행복하게 살아가게 될 것이다. 더구나 조기명퇴 같은 것은 당하지 않아도 된다. 설사 조기명퇴를 했어도 적성에 맞는 일이 또 있을 것이다. 그런데도 적성을 외면하고 돈 잘버는 직업이나 성적에만 매달려 적성에 맞지 않는 학교나 학과에 들어가 일생을 망치는 결과를 맞는 것이다.

평생 몸에 맞지 않는 옷을 입고 산다고 생각하면 끔찍할 것이다. 그러나 한 번 선택한 옷이 마음에 들지 않는다고 버리면 지금 입은 옷보다 더 맞지 않는 것을 입게 될 것은 뻔하다. 자신이 수십 년 공부하면서 만든 옷도 마음에 들지 않는데 준비없이 하루 아침에 만든 옷이 어떻게 내 몸에 맞겠는가?

평생을 입고 살아야 할 옷, 내 몸에 꼭 맞고 내 마음에 쏙 드는 옷을 만들려면 어릴 때부터 열심히 공부해야 함은 물론이지만 그보다도 자신의 적성을 하루라도 빨리 찾는 일이다. 단 한 시간이라도 빨리 발견한다면 연구하고 개발할 시간이 더 많기 때문이다.

아이는 자신의 재능과 적성을 잘 모른다. 설사 안다고 해도 부모가 인정하지 않는 경우도 많다. 부모는 무조건 돈 잘버는 아이로 키우고 싶은 마음뿐이다. 그러나 부모의 이런 욕심이 아이를 가난하게 살아가게 만든다는 것을 명심해야 한다. 아이의 재능과 적성을 발견하여 발전시켜 주고, 그 길로 갈 수 있도록 최선을 다해서 도와주어야 한다.

아이의 재능과 적성을 발견하고 그것대로 살아갈 수 있도록 이끌어 준다면 아이는 자기가 하고 싶은 일을 하니까 신바람이 날 것이고, 신바람이 나서 일을 하니 능률이 오를 것이고, 능률이 오르니 수익이 창출되는 것은 당연하니 무슨 걱정이 있겠는가. 자신이 하는 일이 재미있으니 스트레스를 받을 염려가 없고, 스트레스를 받지 않으니 정신적으로나 육체적으로나 건강할 것이고, 돈은 저절로 생기니 한평생을 재미있고 행복하게 살 수 있을 것이다.

한 번 선택한 길을 바꾼다는 것은 매우 어렵다. 현시대를 살아가는 사람들에게 자신의 일에 만족하냐고 물으면 90% 이상이 그렇지 않다고 대답할 것이다. 그러나 다른 일로 바꾸려고 해도 현실적인 상황들이 허락하지 않는다. 과감하게 바꾼다고 해도 그 일에 대한 전문지식이 부족하기 때문에 실패할 확률이 높다. 그래서 첫 단추를 잘 끼워야 한다는 말이 있는 것이다.

사람은 누구나 자신만의 특성이 있고, 그 특성에 맞는 일을 하고 싶어할 것이다. 자신이 하고 싶은 일이 있는데도 막연하게 인기직업이나 대학교 간판을 따려고 허송세월하게 하는 것이 현재의 교육시스템이다. 이런 교육시스템과 부모의 일방적인 욕심이 아이의 장래를 망치는 경우가 많다.

그러나 잘못되었어도 그 시스템에 의한 교육을 받을 수밖에 없으니 그것만 탓하면서 시간을 낭비할 수는 없다. 그 허송세월이 내 아이를 가난의 늪으로 밀어넣고 있다는 것을 알아야 한다. 이런 사실을 알면서도 자신만의 생각으로 아이를 키우려는 사람이 있다면 부모의 자격을 박탈하는 법이라도 만들고 싶은 심정이다.

바다로 흘러간 강물이 다시 돌아올 수 없듯이 한 번 흘러간 세월은 절대 다시 돌아오지 않는다. 공부하는 시기는 정해져 있고, 그 때를 놓치면 다시는 공부할 기회를 만들기 어렵다. 그 시기는 6년이다. 6년 동안만 부모와 아이가 노력하면 나머지 40년 이상을 행복하게 살아갈 것이다.

적성을 알아보는 프로그램이 다양하게 있는 것으로 알고 있다. 어

느 프로그램을 활용하든지 아이가 좋아하는 일이면 된다고 생각한
다. 물론 매스컴이나 텔레비전을 보고 연예인이 되고 싶다고 해서
무조건 그 길로 가라고 부추길 수는 없을 것이다. 아이를 잘 관찰
하면 재능과 적성이 눈에 보일 것이고, 무관심하면 수십 년이 걸려
도 알 수 없다. 따뜻한 애정과 관심으로 주의깊게 관찰해야 한다.

호박꽃을 장미꽃으로 만들려고 아무리 좋은 거름을 주고 정성을
들여도 장미꽃이 될 수 없고, 아무리 영리한 개라도 사람의 말을
하지는 못한다. 이처럼 호박꽃이 장미꽃이 될 수 없듯이, 개가 사람
의 말을 할 수 없듯이 사람도 제각각 능력과 재능을 따로 있다. 다
시 말하면 자신이 할 수 있는 일이 있고, 할 수 없는 일이 있다.

그러나 자녀의 그릇이 종지인데도 이 세상을 다 담을 수 있는 고
려청자로 착각하는 부모가 너무 많다. 고려청자가 되라고 강요하니
아이만 죽어라 고생하다 결국은 이것도 저것도 되지 못하고 어렵
게 세상을 살아가게 된다.

그러나 종지도 종지가 할 수 있는 일이 있고, 그 일이 바로 적성
이다. 그 적성을 제대로 찾지 못한다면 물이 넘치는 종지에 계속해
서 물을 붓는 것과 같은 현상이 생길 것이다. 넘치는 물을 감당하
지 못하는 종지의 고통을 한 번 생각해 보라.

내 아이가 권력가의 그릇인지, 사업가의 그릇인지, 다른 사람을 도
와줄 수 있는 그릇인지, 명예를 얻을 수 있는 그릇인지, 인기직업을
가질 수 있는 그릇인지, 예술가가 될 그릇인지, 기술자가 될 그릇인
지, 학자가 될 그릇인지, 의사가 될 그릇인지를 정확하게 판단하여

그 길로 가도록 도와주면 행복하게 살아갈 수 있을 것이다. 따라서 자녀의 재능과 적성을 하루라도 빨리 발견하는 것이 중요하다.

8.
뇌가 발달하고 건강하려면
음식을 골고루 먹어야 한다

기계는 톱니바퀴가 하나라도 작동하지 않으면 멈춘다. 뿐만 아니라 톱니바퀴 중에서 하나라도 빠지면 제대로 돌아가지 못한다. 이와 마찬가지로 사람의 몸도 조금이라도 이상이 있거나 고장이 나면 몸 전체에 영향을 미쳐 결국은 동작을 멈출 것이다.

동작이 멈춘다는 것은 무엇을 의미하는가? 그것은 죽음이다. 사람의 몸은 맞물려 돌아가는 톱니바퀴와 같다. 톱니바퀴는 톱니가 서로 맞물려 돌아감으로써 동력을 전달하는 장치다. 수많은 톱니바퀴들이 맞물려 돌아가는 우리 몸의 동작이 멈추게 하지 않으려면 신체를 이루는 어느 한 부분도 소홀히 하면 안된다. 따라서 각 부분의 장기에 필요한 영양분을 섭취해 주어야 한다.

사람이 만물의 영장이라고 하지만 어느 장기에 무엇이 좋고, 어느 장기에는 무엇이 좋다는 식으로 음식을 섭취하기는 어렵다. 우리가 먹는 음식 중에서 어느 한 가지에 인체에 필요한 영양분이 모두 들어 있으면 얼마나 좋을까만은 그렇지가 않으니 여러 가지를 먹을 수밖에 없다. 그렇다고 몇 가지만 먹으면 되느냐면 그것도 아니다. 이러하니 많은 종류의 음식을 먹을 수밖에 없다.

음식의 맛은 크게 쓴맛·단맛·신맛·짠맛·매운맛 5가지로 나눈다. 한의학에 의하면 이 각각의 맛은 영양분이 다르고, 장기에 따라 필요한 영양분이 있다고 한다.

쓴맛(붉은색 식품)은 심장과 혀에 꼭 필요한 영양분이므로 부족하면 심장이 제기능을 수행하지 못한다. 입에 쓴 음식을 좋아하는 사람은 드물 것이나 심장을 멈추게 하고 싶지 않으면 쓴맛의 음식도 먹어야 한다. 맛은 쓴 것을 말하지만 색상은 붉은 것을 말하니 쓴맛을 싫어하는 사람은 붉은색 음식을 많이 섭취하면 된다. 특히 토마토에 들어 있는 라이코펜은 고혈압과 동맥경화를 예방하는 성분이 있어 심장을 건강하게 하고, 사과의 캠페롤과 포도의 폴리페놀과 붉은 고추의 캡사이신은 항암 효과가 매우 높다. 그 외의 붉은색 식품에는 딸기·홍사과·자몽·대추·수박 등이 있다.

짠맛(흑색 식품)은 신장·방광·귀·뼈 등에 꼭 필요한 영양분이므로 부족하면 신장·방광·귀·뼈 등에 이상이 생긴다. 예로부터 검은콩과 검은깨는 약용으로 많이 사용했고, 조혈·발육·생식등을 관장하는 신장기능을 강화하는 효과가 있다고 보았다. 검은색 음식인 검은콩·흑미·깨 등에 많이 들어 있는 안토시안은 노화의 원인인 활성산소를 중화시키는 항산화 효과가 크다. 그밖에 검은색 식품으로는 모기버섯·김·오골계·흑염소·블루베리 등이 있다.

신맛(녹색 식품)은 간·담·근육에 필요한 영양분이므로 부족하면 간·담·근육 등에 이상이 생긴다. 싱싱한 샐러드나 녹즙 등 녹색 식품은 간기능을 도와주며 신진대사를 원활하게 한다. 푸른잎의 엽록소인 클로로필은 조혈작용을 도와 빈혈예방에도 좋다. 올리브유의 녹색은 동맥경화를 일으키는 나쁜 콜레스테롤을 낮추는 작용을 한다. 시금치는 각종 비타민과 영양소가 서로 상승효과를 내는 대표적인 녹색 식품이다. 이 외에 쑥갓·케일·시래기 등이 있다.

매운맛(흰색 식품)은 폐·대장·코 등에 꼭 필요한 영양분이므로 부족하면 폐·대장·코 등에 이상이 생긴다. 양파의 케르세틴은 고혈압을 예방하는데 좋고, 양배추의 설포라페인은 항암 효능이 있는 것으로 밝혀졌고, 도라지의 사포닌은 기침에 좋다. 매운맛의 대표 식품은 고추다. 특히 태양빛으로 건조시킨 태양초의 캅사이신 성분은 항균성이 강하고 몸을 덥게 한다고 밝혀졌다. 태양초에는 체내 지방분을 연소시키고 녹이는 성분이 있어 이상 지방 세포조직인 비만세포를 물리치는 것이다. 태양초의 성분인 캅사이신은 흡수율이 좋고 염분의 섭취량을 억제하며 동맥경화 방지에도 좋다는 임상의의 평가도 나온 바가 있다. 그밖의 흰색 식품으로는 마늘·무·배·연근·고구마 등이 있다.

단맛(황색 식품)은 비·위·입 등에 꼭 필요한 영양분이므로 부족하면 비·위·입 등에 이상이 생긴다. 단맛을 내는 음식은 소화력 증진에 매우 좋다. 특히 단호박은 죽이나 찜으로 만들어 먹으면 위장을 좋게 해준다. 황적색 색소에 많이 들어 있는 카로티노이드 성분은 면역력을 증진시키고, 혈당강하와 노화방지에도 효과가 있다. 황색 식품의 대표격인 감귤·오렌지·망고 는 비타민C의 보고다. 이 외에 황색 식품으로는 당근·파인애플·감 등이 있다.

우리 몸의 장기들은 서로 톱니바퀴처럼 맞물려 돌아간다. 그러므로 어느 한 부분만 좋아서도 안되고 어느 한 부분이 약해서도 안된다. 인체의 장기들이 모두 제기능을 하게 하려면 음식을 골고루 먹는 방법밖에는 없다. 물론 앞의 분석자료를 참고하여 약한 부위에 좋은 음식을 더 많이 먹으면 좋을 것이다. 그런데 일반인이 어느 부위가 좋은지 나쁜지를 알기는 어렵다. 그렇다고 병원에 가서 각 장기의 기능을 수시로 점검하기도 쉽지 않다.

어느 의사가 텔레비전에 나와 입맛대로 먹으라고 말한 적이 있다. 입맛대로 먹는 것은 맞는 말이지만 그러면 편식이다. 편식하면 반드시 어느 한 장기만 좋아지고, 그 좋아진 장기의 영향으로 다른 장기가 제기능을 발휘하지 못한다. 그 사람의 주장이 전혀 틀린 것은 아니지만 한 가지 빠트린 것이 있다. 음식을 골고루 먹되 입맛에 맞는 것을 조금 더 먹으라고 했으면 좋았을 것이다.

사람의 몸은 필요한 영양분이 있으면 그것이 든 음식을 원한다. 이것이 바로 입맛이다. 그렇다고 평소에 입맛에 맞는 음식만 먹으라는 것은 아니다. 평소에 입맛대로 먹는 것은 편식일 뿐이다. 사람이 살다보면 평소에 먹지 않던 음식이 먹고 싶을 때가 있는데 그럴 때는 지체없이 그 음식을 먹어야 한다.

이것은 부족한 영양분을 채우라고 몸이 내린 명령이기 때문이다. 몸이 원하는 음식을 먹어야 부족한 영양분을 채울 수 있고, 그 영양분을 필요로 하는 장기가 튼튼해진다. '입맛대로 먹으라'는 주장이 바로 이것이다. 즉 몸에서 원하는 음식을 먹어야 한다는 것이다. 평소에는 골고루 먹는 것이 몸을 건강하게 하는 비결이고, 전혀 엉뚱한 음식이 먹고 싶을 때는 먹기 싫을 때까지 먹는 것이 가장 중요하다. 그렇게만 하면 건강은 물론 두뇌기능이 좋아져 기억력이 살아나며 성적이 쑥쑥 올라갈 것이다.

근래에는 먹거리가 많아서인지 편식하는 아이가 많다. 편식하는 아이의 입에 맞추어 먹거리를 해주는 부모가 어디 있겠는가. 아이의 건강을 생각해서 이것저것 먹으라고 권하지만 아이는 먹으려고 하지 않는다. 이미 길들여진 음식만 먹으려고 하기 때문이다. 그러므로 이유식 때부터 여러 가지 음식을 먹도록 입맛을 길러주는 것이 가장 이상적이지만 쉬운 일이 아니다.

방법은 아이의 입맛에 맞게 다양한 방법으로 요리를 해서 골고루 먹을 수 있게 해야 한다. 처음 밥을 먹기 시작할 때 식습관을 고치지 않으면 안된다. 사람은 배가 고프면 아무 음식이라도 먹기 마련이다. 아이들도 눈치는 백단이 넘는다. 부모가 조금이라도 안스러워하는 모습을 보이면 원하는 음식을 줄 때까지 버틸 것이다. 만일 편식을 하면 뇌의 발달은 기대하기 어렵고 열심히 공부하고 싶어도 건강이 따라주지 않을 것이다. 설사 열심히 공부하여 성공한다 해도 건강이 따라주지 않으니 오래 가지 못할 것이다.

다시 말하지만 아이의 식성은 엄마에게 달려 있다. 대부분의 아이는 엄마가 해주는 음식에 길들여지니 말이다. 그러니 음식을 먹기 시작할 때부터 식습관을 다잡아야 한다. 그래서 어떤 음식이라도 먹을 줄 아는 식성으로 길러주어야 한다. 이것은 공부를 잘 가르치는 것보다도 더 중요하다. 엄마들은 자신의 입맛에 맞게 음식을 만드는 경우가 많다. 그러나 이제는 아이를 위해서 식생활을 바꾸어야 한다. 다음은 편식 때문에 머리가 아팠던 사람을 소개한다.

어느 날 여러 사람이 만두를 먹으러 갔다. 만두를 맛있게 먹고 30분 정도 지났는데 일행 중 한 여자가 머리가 아파죽겠다고 호소하였다. 만두집으로 전화를 걸어 물어보니 만두에는 이상이 없다는 것이다. 하기야 다른 사람들은 모두 멀쩡한데 혼자서만 머리가 아프다고 하니 만두에 이상이 없는 것은 확실하다고 판단하고 병원에 가봤지만 진통제만 놓아주는 것이었다.

그 후 하루가 채 되지 않아 머리의 통증은 사라졌지만 건강이 걱정된 그녀는 다시 병원에 가서 여러 가지 진단을 받아 보았지만 몸에는 이상이 없다는 것이다. 결과가 있으면 반드시 원인이 있기 마련인데 알 수 없으니 답답하였다.

그러다가 30대 초반에 겪은 일이 생각났다. 30대 초반이면 기운이 넘칠 때인데 어느 날부터 잠이 쏟아지기 시작하였다. 길을 걸으면서도 잠을 잘 정도였다. 그래서 집 근처에 있는 병원을 찾아가 여러 가지 검사를 해왔보더니 아무 이상이 없고 정상이라는 것이다.

이렇게 잠이 쏟아지는데 이상이 없다고 하니 어떻게 하면 좋으냐고 물으니 의사는 영양의 불균형으로 간혹 이런 현상이 생길 수 있으니 오늘부터 평소에 먹던 음식은 먹지 말고 다른 것을 먹어보라고 하였다. 병원을 다녀온 후 두 끼 정도를 평소에 먹지 않던 음식을 먹었더니 그렇게 쏟아지던 잠이 싹 달아나 버렸다.

그녀에게 평소 식습관을 물어보았더니 자기가 먹고 싶은 것만 먹는다는 것이다. 그런 것이 어제 오늘이 아니라 아주 어릴 때부터 그랬다는 것이다. 그야말로 편식의 대가였다. 못 먹는 음식이 어떤 것이냐고 물으니 종류도 다양하였다. 중국 음식은 거의 못 먹고, 돼지고기·닭고기·생선회·오리고기 는 아예 먹을 생각도 하지 않는다는 것이다.

그날은 만두에 돼지고기가 들어간다는 것을 모르고 무심코 먹었다는 것이다. 그래서 머리가 깨지도록 아팠던 것이다. 하기야 50년 가까이 편식을 했으니 그 영향이 얼마나 컸겠는가. 그녀에게 편식 습관을 바꾸지 않으면 영원히 돼지고기·오리고기·닭고기는 먹을 수 없고, 건강도 유지할 수 없을 것이라고 충고하니 가르쳐 주는 대로 할테니 방법을 알려달라고 하였다. 그래서 다른 방법은 없고 지금부터는 모든 음식을 골고루 먹으라고 하였다. 뷔페 같은 곳에 가서 평소에 먹지 않던 것을 많이 먹으라고 하였다.

그후 그녀를 만나지 못하다가 어느 날 사무실로 찾아와 자장면을 살테니 중국집에 가자는 것이었다. 자장면을 먹을 수 없을 텐데 하고 따라갔는데 아주 맛있게 잘 먹는 것이었다. 그리고 내 사무실로 와서 커피를 마시면서 시간을 꽤 보냈는데도 머리가 아프다는 말이 없었다. 궁금하여 물어보았더니 그때 알려주신 대로 여러 가지 음식을 먹다보니 어느 날부터 돼지고기를 먹어도 머리가 아프지 않았고, 오리고기나 닭고기를 먹어도 아무렇지 않아졌다는 것이다. 그래서 오늘 시험삼아 자장면을 먹어본 것이라고 하였다. 그후 그녀는 못 먹는 음식이 없고 아주 건강하게 잘 살고 있다.

편식이 얼마나 해로운가를 보여주는 좋은 예다. 음식은 골고루 먹어야 한다. 인체의 톱니바퀴가 제대로 돌아가려면 가리지 말고 골고루 먹어야 한다. 특히 엄마들은 아이가 건강하게 공부할 수 있도록 음식에 더 신경을 써야 한다. 다음은 뇌에 관한 음식 정보이니 참고하기 바란다.

1) 두뇌를 건강하게 하는 식사법

① 음식은 될 수 있는 대로 천천히 먹어야 뇌 건강에 좋다.

② 음식물은 30회 이상 씹으면 뇌를 맛사지하는 효과를 본다.

③ 절대 끼니를 거르면 안되고 규칙적으로 하는 것이 좋다.

2) 두뇌를 건강하게 하는 음식

① 섬유질이 많은 음식.

② 현미밥, 신선한 유기농 야채, 신선한 생선을 비롯한 해조류를 많이 먹는다.

③ 천천히 소화·흡수되는 음식을 먹으면 뇌의 에너지원인 포도당을 안정적으로 섭취할 수 있다.

④ 빵·패스트푸드·콘프레이크·과일 등으로 식사를 대신하면 영
양에도 문제가 있지만 뇌기능을 저하시킬 수도 있다.

3) 뇌세포를 파괴하는 환경오염물질과 발암물질

① 캔음료·과일통조림·생선통조림 등은 용기에서 납과 주석 등
이 나올 염려가 있으므로 먹지 않는 것이 좋고, 알루미늄 함량
이 높은 가공치즈도 피하는 것이 좋다. 납을 비롯한 중금속이
들어 있을 가능성이 높은 것으로 포장한 음식도 피한다.

② 벤젠 등 유기용제는 백혈병을 유발한다.

③ 본드·신나 흡입

④ 농약은 최연소 유방암을 유발하니 유기농 식품이나 저농약 식
품을 먹어야 한다.

⑤ 합성세제는 뇌세포를 녹이니 천연세제나 친환경 제품을 쓴다.

4) 두뇌 건강에 좋지 않은 식품

① 캔음료·과일통조림·생선통조림 등은 용기에서 납과 주석 등
이 나올 염려가 있으므로 먹지 않는 것이 좋고, 알루미늄 함량
이 높은 가공치즈도 피하는 것이 좋다. 납을 비롯한 중금속이
들어 있을 가능성이 높은 것으로 포장한 음식도 피한다.

② 콜라·사탕·과자·커피·아이스크림·케찹·초코릿·청량음
료.

③ 가공식품·인스턴트 식품.

④ 방부제가 많이 든 식품.

5) 뇌의 역할과 특징

■ 좌뇌

① 말이나 계산 등의 논리적인 기능을 관장한다.

② 언어적인 기능을 담당하므로 언어적인 정보의 학습에 익숙하다. 이름을 잘 기억하거나 대화할 때 단어를 더 많이 사용한다.

③ 분석적 체계적인 문제해결 능력과 논리적인 사고를 담당한다.

④ 직역적 논리적 추리를 통한 학습을 담당하며 수학에 익숙하다.

⑤ 이성적이며 인지적이다. 감정을 억제하며 기존의 것을 개선하는 것을 좋아하고, 사실적·현실적인 것을 좋아한다.

⑥ 오른쪽 신체를 담당하며 기억을 통한 운동의 언어적 표현.

■ 우뇌

① 음악을 듣거나 그림을 보거나 어떤 이미지를 떠올리는 기능을 담당한다.

② 비언어적 기능. 얼굴을 잘 기억하고 대화할 때 신체언어 사용, 음조적인 자료의 기억한다.

③ 경험적이며 활동적인 학습에 익숙하다.

④ 직관적(은유적)·지각적 판단에 의해 문제를 해결한다. 유머스런 생각과 행동을 한다.

⑤ 공간적·기하학적 학습, 공간적·시간적 과정을 통한 학습에 익숙하다.

⑥ 감정적·예술적.이다. 감정발산·창조적·새로운 사실을 알아내는 것을 좋아한다.

⑦ 신체의 좌측을 담당한다. 공간적 운동, 운동기억, 창의적 운동.

■ 뇌량 : 뇌량은 2억 개 정도의 회선을 가진 통신망으로 구성되어 있고, 우뇌와 좌뇌의 정보를 서로 공유할 수 있도록 도와주는 역할을 한다. 뇌량에 도움이 되는 음식으로는 비타민C가 풍부한 것이 좋다. IQ 상승효과도 있다.

6) 뇌를 발달시키는 방법

① 신체의 좌우를 균형있게 사용한다.

② 손과 발을 많이 쓴다.

③ 비논리적인 상상이나 공상하는 훈련을 한다.

④ 감각을 훈련시킨다.

⑤ 음악이나 미술 감상을 많이 한다.

7) 두뇌발달을 위한 생활지침

① 솔직한 아이가 기억력이 좋다.

② 잠을 푹 자야 두뇌발달에 좋고 공부도 잘한다.

③ 동기를 유발시켜야 학습효과가 높다.

④ 오래 기억하는 방법을 키워야 공부를 잘한다. 외우는 것이 아니라 이해하는 습관을 키운다

⑤ 복습하는 습관을 들이고, 다양한 학습내용을 비교하며, 자신감을 갖는다.

분명한 것은 좌뇌와 우뇌를 모두 잘 사용하는 것이 한쪽 뇌만을 사용하는 것보다는 효율적이다. 세계적인 예술가이자 과학자인 레오나르도 다빈치가 대표적인 전뇌형인데, 우뇌 영역인 예술 분야와 좌뇌 영역인 과학·물리 영역에서 모두 천재적인 역량을 발휘하였다. 즉 좌우의 뇌가 골고루 개발되었을 때 머리가 좋고 능력있는 사람이 될 수 있다.

그러나 우리나라 교육 내용의 70% 이상이 좌뇌기능 발달과 관련이 있다. 즉 반뇌 교육만 시키는 셈이다. 좌뇌와 우뇌를 골고루 발달시키는 전뇌 교육이 필요하다. 특히 좌뇌와 우뇌를 연결하는 뇌량은 10세 정도까지 계속 자라기 때문에 이때까지는 적절하게 자극해 주는 것이 좌우의 뇌를 개발시키는데 중요하다.

특히 뇌량이 부족하거나 없으면 정신분열증이나 외계인손증후군(Alien Hand Syndrome)을 유발할 수 있다. 외계인손증후군은 손이 자신의 의지와 상관없이 움직이는 희귀한 병인데, 뇌량이 제기능을 하지 못하여 우뇌와 좌뇌가 소통하지 못하고 따로 활동하기 때문에 생긴다.

8) 뇌를 발달시키는 12가지 방법

① 긴장과 스트레스를 완화시키거나 없앤다.

뇌를 건강하게 유지하려면 뇌를 충분히 쉬게 해야 한다. 몸의 힘을 빼고 편안하게 누운 후, 조용히 눈을 감고 천천히 복식호흡을 하며, 몸의 한 곳에 정신을 집중시킨다. 온몸을 골고루 돌아가며 반복한다.

② 뇌를 건강하게 유지하는 습관을 기른다.

사람의 뇌는 내용을 형상화시켜 기억하면 쉽게 잊어버리지 않는 특징이 있다. 단순하고 기계적인 기억은 잊기 쉽지만 기억하려는 내용을 형상화하여 기억하는 방법으로 유도하다 보면 기억력이 좋아진다. 좌우의 뇌를 같이 사용하면 독립적인 기능 외의 다른 결과를 얻을 수 있다. 또 양쪽 뇌를 모두 사용하면 한쪽 뇌에 대한 부담이 가벼워져 피로하지도 않다. 즉 음악을 들으면서 글씨 쓰기. 여러 가지를 상상하면서 시 쓰기, 대화하면서 그림 그리기, 영화를 본 후 소감을 얘기하면 건강한 뇌를 유지할 수 있다.

③ 왼쪽 몸을 많이 사용한다.

일반적으로 오른손잡이는 좌뇌가 발달하고 왼손잡이는 우뇌가 발달한다. 이는 몸의 신경체계가 좌우로 엇갈려 있어 평소에 잘 쓰지 않는 쪽의 몸을 움직이면 발달이 덜된 뇌에 자극을 주기 때문이다.

따라서 평소에 왼손을 많이 쓰면 우뇌를 발달시키는데 매우 좋다.

④ 음악으로 뇌에 좋은 기를 불어넣는다.

클래식 음악은 우뇌적이고 대중가요는 좌뇌적이라고 한다. 음악은 사람의 마음을 편안하게 하고 정신을 안정시키기 때문이다.

⑤ 뇌기능에 도움이 되는 음식을 먹는다.

뇌에 필요한 영양소는 여러 가지가 있다. 미네랄·비타민·단백질이 많이 든 현미를 비롯하여 식물성 단백질이 풍부한 콩과 우유를 들 수 있다. 또 몸을 약알카리성으로 유지하면 뇌기능에 도움이 된다. 따라서 고기보다는 야채를 많이 먹는 것이 좋다. 가장 중요한 것은 식사를 균형있게 하는 것이다.

⑥ 강한 의욕을 갖는다.

뭔가에 의욕을 가지면 전두엽을 자극하고, 전두엽을 사용하는 기회가 많아지면 뇌가 발달한다. 그러므로 어떤 것에 흥미를 갖거나 성취하려는 의욕은 뇌기능에 도움이 많이 된다.

⑦ 혈액순환이 잘 되게 한다.

지능의 차이는 뇌 자체보다 뇌의 회로수에 의하여 결정된다. 즉 어려서부터 머리를 많이 사용해야 뇌의 회로가 증가하고 기능이 발달하여 지능이 좋아진다. 그리고 뇌의 회로를 증가시키려면 혈액

순환이 원활해야 한다.

⑧ **잠을 충분히 잔다.**

잠을 충분히 자면 하루종일 지친 뇌를 쉬게 해주고 스트레스를 풀어주어 뇌활동에 필요한 에너지를 축적시킬 수 있다.

⑨ **여러 가지 상상을 많이 한다.**

자신이 원하는 모습을 머릿속에 지속적으로 그려보면 능력을 최대한 신장시킬 수 있다. 어떤 사건이나 그림, 과거나 미래를 상상하는 것은 창조력이나 창의력과 직결되고, 이는 능력을 향상시키는 열쇠가 된다.

⑩ **오감을 최대한 사용한다.**

뇌는 외부의 자극을 받아들여 반응하는 과정에서 발달하기 때문에 오감을 자주 사용하면 뇌가 활발해진다. 아름다운 풍경, 감미로운 음악, 봄날의 따사로운 햇빛 등을 오감으로 느껴본다.

⑪ **특정한 부분을 기억한다.**

우리는 수많은 사람과 접촉하며 살아간다. 그 중에는 얼굴이 완전히 익은 사람도 있지만 기억이 잘 나지 않는 사람도 있다. 사람을 기억하는 것은 얼굴의 모든 부분을 기억하는 것이 아니라 특징을 조합하여 기억하는 것이다. 이것이 바로 패턴인식이다. 패턴인식력은 문제의 핵심을 파악하고 집중력·기억력·직관력·종합력 등을 증진시키기 때문에 문제해결 능력을 향상시킨다. 이것은 형태를 기억하는 장기나 바둑·오목 등을 통해 키울 수 있다.

⑫ **유머감각을 키운다.**

유머감각을 키우면 아이디어도 개발된다. 비언어적인 매체를 이용하면 유창성과 융통성, 표현력이 높아지고, 비형식적 언어로 사고하면 이미지가 풍부해진다.

9.
꿈과 목표를 잃어버린 아이들

어린아이들의 꿈은 크면서도 소박하다. 그러나 나이가 들면서 그 꿈은 서서히 낮아지며 현실적으로 바뀐다. 꿈이란 무엇인가? 하고 싶은 일이고, 자신의 재능과 적성에 맞는 일을 하는 것이다. 대개 어릴 때의 꿈은 막연하게 대통령이나 유명인, 또는 위인처럼 되는 것이다. 그러다 나이가 들어가면서 현실과 타협하기 시작한다. 그러면서 꿈은 말 그대로 꿈으로 끝나고 새로운 꿈을 갖게 된다. 요즘은 중학생 때부터 꿈을 잃어버리고 방황하는 경우가 많다고 한다. 다음은 꿈 때문에 고민하는 학생이 인터넷에 올린 글을 옮겨보았다.

예 1) 꿈과 목표가 없어요(선배님들 조언 부탁드려요. 꼭…! 급해요. 정말). 정말 심각하고 미치겠습니다. 의욕도 없고요 꿈도 목표도 없어요…. 아뇨…. 뭐부터 해야 할지 모르겠어요…. 전 중3이구요…. 여자입니다…. 성적은 중하위권(제 생각에) 정도는 되는 거 같고요. 성적은 변동없다가 떨어지다가 그래요…. 사실 열심히 하지도 않고요….

집에 와 컴퓨터를 켜면 다른 짓을 하는 제가 너무 싫어요…. 무엇보다 심각한 건 꿈과 목표가 없는 거예요…. 아마 목표가 없어 다른 짓을 하는지도 몰라요…. 초등학교 때는 그림을 잘 그린다고 해서 '화가' 정도를 꿈꾸었고, 고학년 때는 작가나 선생님…. 참 소박했는데 중학교 오니까 글짓기도 잘 안되고 그림도 잘 안돼요.

피아노는 어렸을 때 배웠지만 제 길은 아니라고 생각해 그만뒀어요…. 지금 하는 건 없어요…. 공부만 하는데…. 공부 잘하고 싶은 마음은 간절한데 잘되지 않아요…. 지금 생각으로는 미술을 다시 하고 싶은 마음이 간절하지만, 이 분야에서 성공하지 못하면 모든 것이 헛수고라는 두려움부터 앞서요….

솔직히 미술학원 가려면 돈이 꽤 들잖아요…. 1년 전에 적성검사 했는데 예술형으로 나왔거든요…. 그런데 미술하려면 힘들고 자신도 없어요. 미술 잘하는 분들 엄청 많은데 지금 하려면 늦고, 예술고 갈 것도 아니고 인문계 가야 하는데 점수도 경계선이라 불안하거든요….

지금도 이렇게 방황하면서 이러지도 저러지도 못하는데 더 크면…. 전 진짜 아무것도 할 수 없을 것 같아요. 도와주세요. 제발…. 사람 살리는 셈치고 도와주세요 제발…. 완벽한 답변은 바라지 않지만 미래에 대한 힌트 정도쯤 해주세요…. 제 미래가 너무너무 걱정됩니다.

예 2) 나는 꿈도 없고 목표도 없어요. 고등학교도 가야 하는데…. 너무 걱정이에요. 하루라도 빨리 꿈이랑 목표를 잡고 앞으로 향해 나갔으면 좋겠어요!

예 3) 중1 여학생입니다. 예전에는 꿈이 연예인이나 헤어디자이너였는데 지금은 없어요. 공부는 반에서 중간 정도 하고요. 어휘력이 많이 부족해요. 제가 손재주가 있기는 해요. 친구들한테 뭐하면 좋겠냐고 물어보면 드라마 작가나 분장사를 하라고 하더군요. 안정적인 직업 중에 뭐가 있을까요?

이 아이들의 부모는 아이의 고민을 아는지 모르겠다. 특히 사춘기 때는 감수성이 예민하기 때문에 마음이 더 불안할 것이다. 이런 아이들의 고민을 하루라도 빨리 해결해 주어야 한다. 해결방법을 제시해 줄 수 있는 사람은 바로 교육자와 학부모다.

꿈은 자신의 재능과 적성에 가장 잘 맞아야 한다. 그래야만 그 꿈을 이루기 쉽기 때문이다. 그리고 그 꿈이 조금씩 이루어질 때의 희열은 이 세상을 다 가진 것과 같을 것이다. 자신의 재능이나 적성과 맞지 않은 꿈은 이룬다고 해도 한때일 뿐이다. 시간이 흐를수록 다른 것을 하고 싶다는 생각이 들기 때문이다.

우선 꿈을 정하기 전에 아이의 장단점을 알아야 한다. 현재의 성적만을 갖고 정한 꿈은 정하지 않은 것만 못하다고 생각한다. 성적으로 꿈을 설정할 바에야 차라리 본능으로 정하는 것이 훨씬 낫다. 꿈을 정할 때는 아이와 마음을 터놓고 충분히 대화를 나눈 후에 아이의 생각을 최대한 반영하는 것이 가장 바람직하다고 생각한다.

그리고 꿈을 세운 후에는 그 꿈을 이루기 위한 목표를 정해야 한다. 꿈과 목표에 대한 프로그램이 다양하게 있으니 찾아서 참고하면 되고, 여기서는 재능과 적성을 찾는 방법과 아이에게 동기부여를 하는 방법을 설명하기로 한다. 다음은 인터넷에 올라온 어느 학생의 고백인데 참고가 될 것 같아 옮겨본다.

학생이라는 죄로
학교라는 교도소에
교실이라는 감옥에 갇혀
출석부라는 죄수명단에 올라
교복이라는 죄수복을 입고
공부라는 벌을 받고
졸업이라는 석방을 기다린다.

며칠 전 친구가 보여준 핸드폰 배경화면이다. 솔직히 공감했지만 무엇이 이들에게 이런 말이 나오게 만들었을까 하는 생각이 들었다. 요즘 사회가 학생들에게 요구하는 것은 공부 잘해서 좋은 대학

나오는 것 외에는 없는 것 같다. 분명히 교과서에서는 자신의 소질을 개발하여 하고 싶은 일, 원하는 일을 하라고 가르치면서 말이다. 그렇다면 교과서가 거짓말을 하는 것인가? 물론 아니다. 교과서가 아니라 학업열에 미친 이 사회다. 과연 교육제도가 이대로 진행되면 어떻게 될까? 아마도 인재는 점점 줄고 실업자는 늘어날 것이다. 자신이 할 일을 정하지 못하여 갈팡질팡하는 젊은이들, 계속 채찍질하는 부모들.

사람은 누구나 자신만의 능력을 지니고 태어난다고 한다. 노마지지. 아무리 하찮은 것일지라도 장기나 장점을 지니고 있음을 이르는 말이다. 그러나 요즘의 아이들은 자신의 장점을 찾아보지도 못하고 무조건 공부에만 매달린다. 설령 찾았다고 해도 대부분의 부모들은 무조건 공부만 하라고 외치니 누가 이 불쌍한 '죄수'들을 구해 줄 것인가?

사회는 학생들을 이대로 내버려 두어도 되는 것인가? 외국에서는 학생이 자신의 소질을 찾으면 그 분야에서 원하는 만큼 공부할 수 있게 하는 제도가 있다고 한다. 물론 무조건 한 분야에서만 잘하면 되는 것은 아니다. 그러나 우리나라보다는 훨씬 더 자유롭고, 자신이 원하는 것을 마음껏 펼칠 수 있으며, 그 분야에서 인정받을 수 있다. 만일 우리 학생들이 이런 말을 들으면 그런 천국이 어디 있냐고 할 것이다. 약 7년 동안 학교와 학원과 집을 반복하는 불쌍한 대한민국의 죄수들의 이야기를 들어 줄 수는 없는 것인가?

이런 글을 올리는 아이가 어른들보다 더 현실적이고 똑똑하다는 것을 교육계를 좌지우지하는 사람들은 알아야 한다. 그들은 아이들의 절규하는 소리가 들리는지 모르겠다. 아이들이 원하는 대로 다 해줄 수는 없지만 아이들 소리에 귀를 기울여야 한다. 아이가 어른스런 생각과 말을 하면 아이답지 못하다고 몰아세우는 것이 현실이다. 과학이 발달해서인지는 몰라도 요즘 아이들의 지능은 매우 높다. 어른들은 상상도 하지 못할 일을 척척 해내는 아이도 많다. 아이의 생각을 읽을 줄 아는 교육자나 학부모가 되려고 노력해야 나라의 미래는 밝아질 것이다.

10.
공부가 아침에 잘되는 사람,
오후에 잘되는 사람

　사람은 계절의 영향을 많이 받는다. 사람도 우주와 자연의 일부분이기 때문에 자연의 영향을 받는 것은 당연하다. 봄에 기분이 좋고 건강도 좋은 사람이 있는가 하면 봄에 온몸에 힘이 빠지고 정신까지 혼미한 사람도 있다. 여름에는 기운이 없지만 가을이나 겨울이 되면 기운이 팔팔하게 살아나는 사람도 있다. 이런 현상이 생기는 것은 사람마다 타고난 체질이 다르기 때문이다. 봄에 활력이 넘치는 사람은 봄과 잘 맞는 체질을 가진 사람이고, 여름에 활력이 넘치는 사람은 여름과 잘 맞는 체질이기 때문이다.

　이런 현상은 자연이 계절마다 갖고 있는 에너지의 형체가 제각각 다르기 때문에 일어나는 것이다. 봄철에 기운이 넘치는 사람은 봄의 에너지가 잘 맞는다는 것이고, 여름철에 기운이 넘치는 사람은 여름의 에너지가 잘 맞는다는 것이고, 가을철에 기운이 넘치는 사람은 가을의 에너지가 잘 맞는다는 것이고, 겨울철에 기운이 넘치는 사람은 겨울의 에너지가 잘 맞는다는 것이다.

이와 반대로 봄철에 기운이 떨어지고 만사가 귀찮은 사람은 봄의 에너지가 잘 맞지 않는다는 것이고, 여름철에 기운이 떨어지고 만사가 귀찮은 사람은 여름의 에너지가 잘 맞지 않는다는 것이고, 가을철에 기운이 떨어지고 만사가 귀찮은 사람은 가을의 에너지가 잘 맞지 않는다는 것이고, 겨울철에 기운이 떨어지고 만사가 귀찮은 사람은 겨울의 에너지가 잘 맞지 않는다는 것이다.

사계절이 각각 에너지가 다르듯이 사람도 체질이 각각 다르다. 사람에 따라 자신의 체질에 맞는 계절의 에너지가 있고, 맞지 않는 계절의 에너지가 있다. 만일 잘 맞는 에너지원을 만나면 몸에 활기가 넘치니 무슨 일이든 적극적으로 열심히 할 것이고, 잘 맞지 않는 에너지원을 만나면 만사가 귀찮아지니 무슨 일이든 하고 싶은 마음이 생기지 않아 게을러질 것이다.

봄·여름·가을·겨울은 그 계절 나름대로의 에너지를 가지고 있다. 특히 우리나라는 사계절이 분명하기 때문에 계절마다의 에너지 작용력이 더 강하지 않은가 생각한다.

봄에는 만물이 소생하는 에너지가 넘치니 새싹이 움트고 꽃을 피우기 시작한다. 봄은 계절의 시작이며 일 년의 시작이다. 모든 만물이 새로운 기운을 가지고 새로운 일을 시작하는 계절이 바로 봄이다. 봄이 되면 온 세상이 환하게 보이고 활기가 넘쳐 흐른다.

그러나 봄이 오기 시작하면서 겨울에 아름다운 꽃을 피운 동백꽃·매화·수선화·개구리발톱·별꽃·비파·팔손이·바보꽃 등은 꽃잎이 하나둘씩 시들어간다. 그러면서 다음 겨울을 기다리며 스스로의 삶을 살아간다. 겨울은 춥기 때문에 식물들이 모두 움츠리고, 꽃은 봄에만 핀다고 알고 있으나 그것은 겨울에 피는 꽃에는 관심을 두지 않기 때문에 그런 고정관념이 생긴 것이라고 본다.

매섭게 추운 겨울의 에너지가 필요한 식물도 있다. 이런 식물들은 추위가 없으면 꽃을 피울 수 없다. 추우면 추울 수록 겨울꽃을 피우는 식물들은 생기를 얻어 더 아름답고 멋진 꽃이 피는 것이 자연의 이치다. 계절따라 피는 꽃들을 정리해 보면 대략 다음과 같다.

봄철에 아름다운 꽃을 피우는 것으로는 개나리·제비꽃·할미꽃·진달래꽃·민들레 등이 있고, 여름철에 아름다운 꽃을 피우는 것으로는 해바라기·봉선화·채송화·맨드라미·접시꽃 등이 있고, 가을철에 아름다운 꽃을 피우는 것으로는 코스모스·국화·솔채꽃·한련화 등이 있고, 겨울철에 아름다운 꽃을 피우는 것으로는 동백꽃·매화·수선화·개구리발톱·별꽃·비파·팔손이·바보꽃 등이 있다.

이렇게 각 계절의 에너지원에 따라 거기에 맞는 식물이 꽃을 피우는 것이다. 이렇게 식물도 자연의 변화에 따라 자신에게 가장 잘 맞는 에너지원을 찾아 최대한으로 활용하며 살아가는 것이다.

이와 마찬가지로 사람도 꽃 피고 새 우는 봄철에 힘과 용기가 솟아나 새로운 일을 계획하거나 생각한 일을 추진하는 사람이 있고, 매미소리가 요란하고 무더운 여름철에 기분이 좋아지고 일에 대한 욕구가 솟아나 하고 싶은 일이나 미루었던 일을 하는 사람이 있고, 낙엽이 떨어지는 쓸쓸한 가을철에 기운이 생기고 살아 있다는 느낌이 강하게 일어나 새로운 일을 계획하며 추진하는 사람이 있고, 모두가 추위에 움츠리는 겨울철을 오히려 즐기면서 열심히 일하는 사람이 있다.

이런 현상은 자신도 모르게 일어나는 것이다. 이런 이치를 잘 이용하면 시간을 더 잘 활용할 수 있다. 사계절은 1년을 주기로 반복한다. 이와 마찬가지로 하루는 낮과 밤으로 나뉘어지고, 낮은 아침과 한낮으로 나뉘어지고, 밤은 초저녁과 한밤으로 나뉘어진다.

식물은 1년을 주기로 살아가지만 사람은 하루가 생활주기다. 물론 눈에 보이는 부분만 그렇지 식물도 사람처럼 하루 하루를 활용하며 살아간다. 1년은 12달로 이루어져 있고, 하루는 24시간으로 이루어져 있다. 1년이 4계절이니 각 계절의 에너지원이 흐르는 기간은 12개월을 4계절로 나누면 된다. 12개월을 4로 나누면 3개월이 된다. 그러니 각 계절의 에너지원이 흐르는 기간은 3개월이다.

그래서 봄은 3월부터 5월까지이고, 여름은 6월부터 8월까지이고, 가을은 9월부터 11월까지이고, 여름은 12월부터 다음해 2월까지인 것이다. 1년이 4계절로 되어 있듯이 하루도 4개의 시간으로 구분되어 있다. 하루가 24시간이니 24시간을 4등분하면 각각의 시간은 6시간이 된다. 다시 말하면 이 6시간마다 에너지원이 바뀌고, 이 6시간이 지닌 에너지원에 따라 사람들에게 영향을 준다는 것이다.

아침 6시간의 에너지가 잘 맞는 사람이 있고, 낮 6시간의 에너지가 잘 맞는 사람이 있고, 저녁 6시간의 에너지가 잘 맞는 사람이 있고, 밤 6시간의 에너지가 잘 맞는 사람이 있다. 문제는 이 6시간의 기준을 어디에 두느냐는 것이다. 그 다음에는 나에게 가장 잘 맞는 시간대가 언제인지를 알아보는 방법이다. 이것만 알면 그 시간을 잘 활용하여 큰 효과를 거둘 수 있을 것이다.

그런데 사람도 식물과 마찬가지로 본능대로 생활하면 되는데 문명이 발달하고 인구가 늘어나 생존경쟁을 할 수밖에 없으니 자연스럽게 밝은 낮에만 활동할 수밖에 없다. 생존경쟁에 시달리지만 않는다면 사람들도 식물처럼 본능적으로 살면 되는 것이다. 몸에 기운이 솟구치면 일하고, 졸리면 잠을 자면 된다. 이것이 바이오 리듬이고 생활의 리듬이다. 그러나 현실은 그렇지 못하고 죽으나 사나 아침 일찍 일어나 일해야 한다. 자신은 밤에 일하는 것이 훨씬 좋고 능률도 더 오르는데 낮에 일해야 하니 능률은 오르지 않고 지치고 피곤한 것이다.

2004년 우리나라에서는 일본인 사이쇼 히로시가 쓴 『아침형 인간』이 베스트셀러가 되어 아침형 인간에 대한 열풍을 불었었다. 지금은 그 열풍이 어디로 가버렸을까? 해답은 하나다. 사람은 아침형 인간만 있는 것이 아니기 때문이다. 봄·여름·가을·겨울에 따라 피는 꽃이 다르듯이 사람도 아침형·낮형·저녁형·밤형이 있기 때문이다.

저녁형 사람이 아침형이 되려고 아무리 노력해도 피곤만 쌓이고 아침형이 되지 않으니 포기할 수밖에 없었을 것이다. 아침과 저녁은 정반대의 에너지원이 흐른다. 아침은 태양이 뜨는 시간이지만 저녁은 태양이 서산으로 지는 에너지원이다.

다시 말하면 이 글을 쓴 사람은 하나만 알았다는 것이다. 하나를 보고 다 알 수 있는 방법은 이 세상 어디에도 없다. 더구나 사람의 한 단면만을 보고 모두 아침형이 최고이고, 누구든지 아침형이 될 수 있다고 호언장담한 것이다. 더 노력했다면 아침형이 되었을지도 모른다. 그러나 여기서 말하고 싶은 것은 아침형이 되라는 것이 아니라 자신에게 맞는 시간을 활용하여 더 쉽게 공부하고 성적을 올려 보고자 하는 것이다. 다시 말하면 하루의 시간을 적절하게 잘 이용하자는 것이다.

아침의 시작은 새벽이다. 그렇다면 어느 시간대가 새벽인가? 시계가 없던 시절에는 새벽에 닭의 첫 울음소리를 듣고 일어나 하루를 준비하였다. 그렇다면 닭은 몇 시에 우는 것일까? 대개 새벽 3시 정도에 첫 울음소리를 낸다. 그러므로 새벽 3시가 하루의 시작인 아침이라고 보면 될 것이다.

그러면 아침시간은 새벽 3시부터 오전 9시까지이고, 낮시간은 오전 9시부터 오후 3시까지이에고, 저녁시간은 오후 3시부터 오후 9시까지이고, 밤시간은 오후 9시부터 다음 날 새벽 3시까지다. 이것은 역(易)에서 말하는 시간대와 일치하니 1분 1초도 정확하다고 생각한다. 그런데 이 시간을 그대로 사용하면 약 32분이라는 오차가 생긴다. 물론 지방에 따라 다르지만 오차가 생기는 것은 확실하다.

이유는 우리나라가 사용하는 표준시에 문제가 있기 때문이다. 우리나라는 현재 동경 135°의 지방평균시를 표준시로 채택하고 있다. 조선시대 때 동경 120°를 표준자오선으로 했던 것을 1910년(융희 4년) 4월 1일 종래의 11시를 12시로 고치면서 동경 135°의 지방평균시를 택한 것이다. 그런데 동경 135°선은 울릉도 동쪽 350km 지점을 남북으로 지나는, 즉 우리나라의 영토를 지나지 않는 선이다.

 따라서 우리나라 표준시는 동경 127°선이 지나는 서울의 지방평균시보다 32분 정도 빠르다. 한때 대통령령으로 1954년 3월 21일부터 동경 127°30'을 표준자오선으로 하여 표준시를 고쳐 사용했으나, 1961년 8월 10일부터는 다시 동경 135°선을 표준자오선으로 하고 과거와 같은 표준시를 사용하게 되었다.

 표준자오선으로 동경 135°선을 사용하다 보니 시간의 오차가 생길 수밖에 없다. 서울을 기준으로 하면 현재의 시간에 32분을 더해야 정확한 표준시간이 된다. 다음은 각 지방마다의 표준시간 오차의 범위를 분류한 시간표다.

우리나라 각 지방별 표준시간 오차 범위			
독도 13분	울릉도 17분	울산 · 포항 22분	경주 23분
부산 · 영천 24분	강릉 25분	대구 · 마산 26분	원주 28분
춘천 29분	여수 29분	대전 30분	전주 31분
서울 32분	광주 33분	인천 34분	목포 35분
안동 25분			

시간을 적용하는 방법은 현재 사용하는 시간에 앞의 표준시간 오차를 더하면 된다. 서울을 기준으로 시간을 분류하면 다음과 같다.

아침형	오전 3시 32분~오전 9시 32분까지
낮형	오전 9시 32분~오후 3시 32분까지
저녁형	오후 3시 32분~오후 9시 32분까지
밤형	오후 9시 32분~다음날 오전 3시 32분까지

어느 시간이 가장 잘 맞는가를 알아보는 방법은 여러 가지가 있으나 여기서는 성격과 잠자는 습관으로 알아볼 것이다. 사람은 체질에 따라 성격도 달라지므로 성격을 알면 체질을 알 수 있다. 그러면 위의 시간대를 활용해 보면 자신의 체질과 맞는지 아닌지를 알 수 있다. 먼저 평소에 잠자는 습관과 하루의 일과를 이용하여 어느 시간대에 가장 잘 맞는 체질인가를 알아보는 방법이다.

1. 습관으로 알아보는 남학생의 체질

1) 아침형

① 늦게 잠을 자도 아침 일찍 눈이 떠지고 활력이 넘치는 사람.

② 다른 시간에는 친구 생각이 별로 나지 않다가 유독 낮에만 친구 일을 도와주거나 친구들과 잘 어울리는 사람.

③ 오후 4시나 5시 이후에는 집중력이 떨어지며 산만해지는 사람.

④ 오후 4시부터 9시 사이에 돈에 대한 집착이 생기고 자신도 모르

게 돈 생각을 하는 사람.

⑤ 오후 4시부터 9시 사이에 여자친구에 대한 관심이 높아지고, 여
자친구의 관심을 끄는 방법을 생각하는 사람.

⑥ 밤이 되면 마음이 안정되나 때로는 짜증이 나며 별것 아닌 일
에도 화를 내며 시비를 거는 사람.

⑦ 밤길이 무서워 밤늦게 잘 다니지 않는 사람.

⑧ 오후 4시부터 9시 사이에 아르바이트를 많이 하는 사람.

2) 낮형

① 아침에 깨우면 짜증을 내면서도 억지로 일어나는 사람.

② 오전 9시 이전에는 스스로 하는 경우는 드물지만 시키면 착실
하게 하는 사람.

③ 오전 9시 이전에 하루의 계획을 거창하게 세우나 오후 4시 이후
에는 계획대로 되지 않는 사람.

④ 오전 10시 이후부터 활력과 집중력이 생기는 사람.

⑤ 오후 4시 이후부터 공부하기 싫어지면서 돈 생각을 많이 하다
가 밤이 되면 공부가 더 하기 싫어지고 돈만 생각하는 사람.

⑥ 밤이 되면 여자친구 생각이 많이 나면서 문자를 보내거나 전화
통화를 많이 하는 사람.

⑦ 아르바이트를 해도 꼭 밤에만 하는 사람.

⑧ 밤이 되면 공상과 망상에 잘 빠지는 사람.

3) 저녁형

① 일찍 자도 아침에 깨우면 이방 저방 피해다니는 사람.

② 세수를 해도 눈이 자꾸 감기는 사람.

③ 오늘은 무슨 핑계로 부모한테 돈을 타낼까 궁리하는 사람.

④ 아침 일찍부터 여자친구에게 전화하거나 전화가 오는 사람.

⑤ 오전에는 컨디션이 별로 좋지가 않다가 오전 10가 넘어가면서 돈버는 생각을 많이 하는 사람.

⑥ 오전 10부터 오후 3시 사이에 여자친구에게 문자를 보내거나 통화를 많이 하는 사람.

⑦ 오후 4시가 넘어가면서 정신력과 집중력이 생기는 사람.

⑧ 밤이 되면 만사를 제치고 친구들과 어울리기를 좋아하는 사람.

4) 밤형

① 아침 일찍 일어날 수는 있으나 활력이 없는 사람.

② 일찍 자는 것을 싫어하며 늦게까지 공부하거나 책을 읽는 사람.

③ 일찍 자는 것을 싫어하나 늦게까지 아무것도 하지 않는 사람.

④ 오전 10시 이후부터 오후 4시까지는 정신이 산만하며 일이 손에 잡히지 않고, 미래와 돈 생각을 많이 하는 사람.

⑤ 오전 10시 이후부터 오후 4시까지 여자친구와 통화를 하거나 여자친구 생각을 많이 하는 사람.

⑥ 오후 4시 이후부터 서서히 안정정되면서 뭔가 해야겠다는 생각이 많이 드는 사람.

⑦ 해가 지면서 집중력이 강해지며 정신이 맑아지고, 책을 읽으면 머리에 쏙쏙 들어오는 사람.

⑧ 밤에 일을 하거나 돌아다니는 것을 좋아하는 사람.

5) 특수형

① 아침에 일어나는 것을 죽기보다 싫어하는 사람.

② 아침에 일어나자마자 오늘 써야 할 돈이 걱정되는 사람.

③ 오전 7시 이전에 여자친구와 통화하거나 문자를 보내는 사람.

④ 오전 10시 이후부터 마음이 안정되나 가끔 성질을 내기도 하는 사람.

⑤ 오후 4시 이후부터 오후 9시까지는 공부보다는 친구들과 어울리는 것을 더 좋아하는 사람.

⑥ 밤이 되면 여자친구를 많이 만나고, 여자친구에게 선물할 때도 밤에만 하는 사람.

⑦ 밤늦게까지 아르바이트를 하는 사람.

⑧ 밤에는 다른 시간보다 성격이 온화해지며 남을 도와주고 싶은 생각이 드는 사람.

2 습관으로 알아보는 여학생의 체질형

1) 아침형

① 밤늦게 잠을 자도 자연스럽게 아침 일찍 눈이 떠지고 활력이

넘치는 사람.

② 다른 시간에는 친구생각이 별로 나지 않다가 유독 낮에만 친구 일을 도와주거나 친구와 잘 어울리는 사람.

③ 오후 4시나 5시 이후에는 집중력이 떨어지고 산만해지는 사람.

④ 오후 4시부터 9시 사이에 돈에 대한 집착이 생기고 자신도 모르게 돈 생각을 하는 사람.

⑤ 오후 4시부터 9시 사이에 남자친구 선물을 많이 사거나 아르바이트를 많이 하는 사람.

⑥ 밤이 되면 마음이 안정되나 때로는 짜증이 나기도 하고, 별일 아닌데도 화를 내며 시비를 거는 사람.

⑦ 밤길이 무서워 늦게 잘 다니지 않는 사람.

⑧ 밤에 남자친구를 많이 만나는 사람.

2) 낮형

① 아침에 깨우면 짜증을 내면서도 억지로라도 일어나는 사람.

② 아침부터 남자친구 생각이 많이 나고, 문자나 전화통화를 많이 하는 사람.

③ 오전 9시 이전에는 스스로 하는 경우는 드물지만 시키는 것은 착실하게 하는 사람.

④ 오전 9시 이전에는 하루의 계획을 거창하게 세우나 오후 4시 이후에는 잘 실천하지 못하는 사람.

⑤ 오전 10시 이후부터 활력과 집중력이 생기는 사람.

⑥ 오후 4시 이후부터 공부가 하기 싫어지면서 돈 생각을 많이 하
고, 밤이 되면 공부는 더 하기 싫어지고 돈만 보이는 사람.

⑦ 아르바이트를 해도 꼭 밤에만 하는 사람.

⑧ 밤에 공상이나 망상에 잘 빠지는 사람.

3) 저녁형

① 일찍 잠자리에 들어도 아침에 깨우는 사람을 피해 이리 저리
도망다니는 사람.

② 세수를 해도 눈이 자꾸 감기는 사람.

③ 오늘은 무슨 핑계로 부모에게 돈을 타낼까 궁리하는 사람.

④ 아침 일찍부터 남자친구가 보고 싶거나 생각나는 사람.

⑤ 오전에는 컨디션이 별로 좋지 않다가 오전 10가 넘어가면서 돈
버는 생각만 하는 사람.

⑥ 오전 10부터 오후 3시 사이에 아르바이트를 많이 하는 사람.

⑦ 오후 4시가 넘어가면 정신력과 집중력이 생기는 사람.

⑧ 밤에 친구들과 어울리는 것을 좋아하는 사람.

4) 밤형

① 아침 일찍 일어날 수는 있으나 활력이 없는 사람.

② 일찍 자는 것을 싫어하고 밤늦도록 공부하거나 책을 보는 사람.

③ 일찍 자는 것을 싫어하나 밤늦도록 아무것도 하지 않는 사람.

④ 오전 10시 이후부터 오후 4시까지는 산만하며 일이 손에 잡히지

않고, 미래와 돈에 대한 생각을 많이 하는 사람.

⑤ 오전 10시 이후부터 오후 4시 사이에 남자친구 생각이 많이 나고 남자친구 선물을 사는 사람.

⑥ 오후 4시 이후부터 마음이 안정되고 뭔가를 해야겠다는 생각이 많이 드는 사람.

⑦ 오후 4시부터 밤 9시 사이에 남자친구와 통화를 하거나 남자친구를 많이 만나는 사람.

⑧ 밤에 일하거나 돌아다니는 것을 좋아하는 사람.

5) 특수형

① 아침에 눈 뜨자마자 돈 생각만 머리에 떠오르는 사람.

② 아침부터 미래에 대한 생각으로 머리가 아픈 사람.

③ 오전 7시 이전에는 만사가 귀찮은 사람.

④ 오전 10시 이후 오후 3시까지는 마음이 안정되나 유난히 남자친구 생각이 많이 나는 사람.

⑤ 오전 10시 이후부터 활력과 집중력이 생기는 사람.

⑥ 오후 4시 이후부터 오후 9시까지 친구와 어울리는 것을 좋아하는 사람.

⑦ 아침 일찍부터 아르바이트를 하는 사람.

⑧ 밤에 공상이나 망상에 잘 빠지는 사람.

3. 성격으로 알아보는 체질형

1) 아침형의 성격

① 가족 중에서 가장 밝고 명랑한 사람.

② 갖고 싶은 것은 갖고, 하고 싶은 것은 해야 속이 시원한 사람.

③ 느낀대로 표현하고 생각나는 대로 행동하는 사람.

④ 오늘이 중요하다고 생각하며 내일은 크게 고민하지 않는 사람.

⑤ 세상을 단순하게 보는 경향이 강하며 지금 이 순간이 가장 중요하다고 생각하는 사람.

⑥ 생각이 단순하고 명확하며 화끈한 사람.

⑦ 성격이 급하며 정열적이고 능동적이며 결단력이 있는 사람.

⑧ 진취적이며 용감하고 적극적인 사람.

⑨ 비밀을 싫어하며 하고 싶은 말은 다하는 사람.

⑩ 봉사·희생·배려심이 강하며 베풀려는 마음이 많은 사람.

⑪ 화려한 것을 좋아하며 사리분별을 잘하는 사람.

⑫ 예의와 신의가 있고 친절한 면이 많아 대인관계가 넓은 사람.

⑬ 자상하며 꼼꼼하고 섬세하며 정이 많은 사람.

⑭ 감정의 기복이 심하여 다소 변덕스러운 사람.

⑮ 야심적이며 행동파이지만 낙천적인 면도 있는 사람.

2) 낮형의 성격

① 큰 일을 좋아하며 통이 크고 무사기질이 강한 사람.

② 사람이 좋아보이고 인품이 중후하며 믿음직한 사람.

③ 호언장담을 잘하며 행동보다는 말이 앞서는 사람.

④ 지적이며 온화하고 인자하며 정이 많은 사람.

⑤ 순진하고 소박하며 돈을 빌려주고 달라는 말을 못하는 사람.

⑥ 자기 생각이 옳다고 여기면 누구 말도 듣지 않는 사람.

⑦ 평소에는 조용하나 성질이 나면 밀어부치는 사람.

⑧ 강직하며 불굴의 의지가 매우 강한 사람.

⑨ 이상과 꿈이 크고 개척정신이 매우 강한 사람.

⑩ 신앙심이 강하고 뒤끝이 없는 사람.

⑪ 다른 사람과 함께 있는 것을 좋아하며 귀가 엷고 충성심이 강하며 스스로 알아서 일하는 사람.

⑫ 잠시도 쉬지 않고 부지런히 움직이는 사람.

⑬ 지극히 가정적이며 가족을 일일이 챙기는 사람.

⑭ 다소 게으르며 방황을 많이 하는 사람.

⑮ 경쟁심이 강하나 남에게 주고 싶어하는 마음도 강한 사람.

3) 저녁형의 성격

① 권모술수와 융통성이 많아 대인관계나 처세에 아주 능한 사람.

② 감수성이 예민하며 다소 신경질적인 사람.

③ 무슨 생각을 하는지 마음을 알 수 없는 사람.

④ 생각이 단순하여 복잡한 것을 싫어하는 사람.

⑤ 이해심이 많고 겉으로 마음을 잘 드러내지 않는 사람.

⑥ 온화하며 유순하고 최선을 다하여 노력하는 사람.

⑦ 무사안일과 낙천적이라 좋은 기회를 잘 놓치는 사람.

⑧ 희망과 꿈이 대단하며 하나라도 지지 않으려는 사람.

⑨ 다소 신비하거나 고귀한 모습으로 비칠 때가 많은 사람.

⑩ 남을 다룰 줄 알지만 명랑·솔직한 면이 부족한 사람.

⑪ 생각이 많고 자기만의 세계에 잘 빠지는 사람.

⑫ 권위와 강한 이미지를 주고 싶어하는 사람.

⑬ 어느 면에서는 현실에 무디나 욕심이 많은 사람.

⑭ 이기적이나 남에게 대가없이 베풀려고 하는 사람.

⑮ 권태를 잘 느끼며 때로는 조용한 것을 좋아하고 자기 최면에
  잘 빠지는 사람.

4) 밤형의 성격

① 생활력이 매우 강하고 추진력과 리더십이 좋은 사람.

② 자존심이 강하며 남에게 지지 않으려는 사람.

③ 인정과 남에게 베풀려는 마음이 있지만 자신의 이익을 위해서
  라면 절대로 양보하지 않는 사람.

④ 이상과 꿈은 크나 쉽게 포기하는 사람.

⑤ 남의 지배를 받는 것을 매우 싫어하며 대장이 되고 싶은 사람.

⑥ 다른 사람의 조언이나 충고를 받아들이기도 하나 자신의 생각
  대로 하려는 사람.

⑦ 잔꾀가 많고 남을 이용해 일을 처리하려는 사람.

⑧ 여기저기 돌아다니는 것을 좋아하는 사람.

⑨ 새로운 일에 도전하는 것을 마다 않는 사람.

⑩ 경영력이 뛰어나며 시작한 일은 반드시 성사시키는 사람.

⑪ 조직적이며 체계적으로 사람을 관리하는 사람.

⑫ 참을성도 있고 오기도 있는 사람.

⑬ 이익을 위한 일이라면 수단과 방법을 가리지 않는 사람.

⑭ 신중하며 보수적이고 정열과 열정을 억제하며 착실하게 생활하는 사람.

⑮ 고집이 센 편이라 남에게 굽힐 줄 모르며 독선적인 사람.

5) 특수형의 성격

① 강한 인상을 주며 타인과 잘 융화하지 못하는 사람.

② 새로운 것을 찾으려고 하며 개혁적인 기질이 강한 사람.

③ 정의의 사도처럼 불의를 보면 참지 못하는 사람.

④ 고집스럽고 까다로우며 타인과 충돌이 많은 사람.

⑤ 정서가 불안하며 겉으로는 강한 것 같아도 겁이 많은 사람.

⑥ 남에게는 엄격하나 자신에게는 매우 관대한 사람.

⑦ 겉으로는 의리있는 것처럼 보이나 속으로는 야비한 사람.

⑧ 겉으로는 강해 보이나 눈물과 정이 많은 사람.

⑨ 자신이 똑똑하다고 생각하지만 남의 꾀에 잘 넘어가는 사람.

⑩ 일을 신중하고 오차 없이 처리하려는 사람.

⑪ 자만심이 매우 강하며 독불장군형인 사람.

⑫ 혁신적인 생각을 많이 하며 성격의 변화가 심한 사람.

⑬ 항상 완전함을 추구하며 품위를 지키려고 노력하는 사람.

⑭ 성격이 차갑고 냉정한 사람.

⑮ 실수한 일을 잘 잊어버리고 같은 실수를 반복하는 사람.

이처럼 생활습관과 성격을 분석해 보면 어떤 형인지 알 수 있다. 자기가 속한 형의 시간표를 참고하여 활용하면 공부에 많은 도움이 될 것이다. 다음은 각 형별로 어떻게 시간을 활용하면 좋은가를 알아본다. 다음에 나오는 시간은 일반적인 것이니 각 지역별 표준시간 오차표를 참고하여 활용하기 바란다.

예를 들어 부산에 산다면 오전 11시에 해당하는 시간은 오전 11시 24분이 된다. 오전 11시에다 표준시간 오차범위인 24분을 더해야 정확한 시간이 된다. 즉 오전 11시 24분이 되어야 우리나라 표준시로 오전 11시라는 것이다. 그러니 오전 11시는 실제로는 오전 11시 24분이라는 것이다. 따라서 오전 11시부터라면 오전 11시 24분부터가 우리나라 표준시간으로 오전 11시가 시작된다는 것이다. 이렇게 하면 복잡하고 이해하기 어려울 것이다. 각 지역별 표준시간 오차범위를 알아서 적용하기 바란다. 이 책에 없는 각 지역별 표준시간 오차범위는 각 지역의 천문대에 문의하면 된다.

4. 나에게 가장 잘 맞는 시간 찾는 방법

1) 아침형에게 가장 잘 맞는 시간

① 공부하기 가장 좋은 시간 : 오전 3시~오전 9시

② 공부해도 되는 시간 : 오전 9시~오후 3시

③ 공부하기 좋은 시간 : 오후 9시~다음 날 오전 3시

④ 공부가 가장 안되는 시간 : 오후 3시~오후 9시

⑤ 공부해도 능률이 떨어지는 시간 : 특별한 시간이 없음

⑥ 운동하기 가장 좋은 시간 :오후 3시~오후 5시

⑦ 휴식하기 가장 좋은 시간 : 오후 5시~오후 9시

⑧ 쇼핑하기 가장 좋은 시간 : 오후 5시~오후 9시

⑨ 문화생활하기 가장 좋은 시간 : 오후 7시~오후 9시

⑩ 친구들과 대화하기 가장 좋은 시간 : 오전 11시~오후 1시

⑪ 아버지와 대화하기 가장 좋은 시간 : 오전 7시~오전 9시

⑫ 어머니와 대화하기 가장 좋은 시간 : 오후 7시~오후 9시

⑬ 명상하기 가장 좋은 시간 : 오후 9시~오후 10시

⑭ 수면하기 가장 좋은 시간 : 오후 9시~다음 날 오전 3시

⑮ 선생님·선배와 대화하기 가장 좋은 시간 : 오후 7시~오후 9시

2) 낮형에게 가장 잘 맞는 시간

① 공부하기 가장 좋은 시간 : 오전 9시~오후 3시

② 공부해도 되는 시간 : 오전 3시~오전 9시

③ 공부하기 좋은 시간 : 특별한 시간이 없음

④ 공부가 가장 안되는 시간 : 오후 9시~다음 날 오전 3시

⑤ 공부해도 능률이 떨어지는 시간 : 오후 3시~오후 9시

⑥ 운동하기 가장 좋은 시간 :오후 3시~오후 5시

⑦ 휴식하기 가장 좋은 시간 : 오후 3시~오후 5시

⑧ 쇼핑하기 가장 좋은 시간 : 오후 7시~오후 9시

⑨ 문화생활하기 가장 좋은 시간 : 오후 5시~오후 7시

⑩ 친구와 대화하기 가장 좋은 시간 : 오후 7시~오후 9시

⑪ 아버지와 대화하기 가장 좋은 시간 : 오전 11시~오후 1시

⑫ 어머니와 대화하기 가장 좋은 시간 : 오후 3시~오후 5시

⑬ 명상하기 가장 좋은 시간 : 오전 3시~오전 5시

⑭ 수면하기 가장 좋은 시간 : 오후 9시~다음 날 오전 7시

⑮ 선생님·선배와 대화하기 가장 좋은 시간 : 오전 7시~오전 9시

3) 저녁형에게 가장 잘 맞는 시간

① 공부하기 가장 좋은 시간 : 오후 3시~오후 9시

② 공부해도 되는 시간 : 오전 9시~다음 날 오전 1시

③ 공부하기 좋은 시간 : 특별한 시간이 없음

④ 공부가 가장 안되는 시간 : 오전 9시~오후 3시

⑤ 공부해도 능률이 떨어지는 시간 : 오전 3시~오전 9시

⑥ 운동하기 가장 좋은 시간 :오전 9시~오전 11시

⑦ 휴식하기 가장 좋은 시간 : 오전 11시~오후 3시

⑧ 쇼핑하기 가장 좋은 시간 : 오전 11시~오후 3시

⑨ 문화생활하기 가장 좋은 시간 : 오전 9시~오전 11시

⑩ 친구와 대화하기에 가장 좋은 시간 : 오후 9시~오후 10시

⑪ 아버지와 대화하기 가장 좋은 시간 : 오후 7시~오후 9시

⑫ 어머니와 대화하기 가장 좋은 시간 : 오전 7시~오전 9시

⑬ 명상하기 가장 좋은 시간 : 오후 1시~오후 3시

⑭ 수면하기 가장 좋은 시간 : 오후 9시~다음 날 오전 7시

⑮ 선생님·선배와 대화하기 가장 좋은 시간 : 오후 7시~오후 9시

4) 밤형에게 가장 잘 맞는 시간

① 공부하기 가장 좋은 시간 : 오후 9시~다음 날 오전 3시

② 공부해도 되는 시간 : 오전 3시~오전 9시

③ 공부하기 좋은 시간 : 오후 3시~오후 9시

④ 공부가 가장 안되는 시간 : 특별한 시간이 없음

⑤ 공부해도 능률이 떨어지는 시간 : 오전 9시~오후 3시

⑥ 운동하기 가장 좋은 시간 : 오전 9시~오후 1시

⑦ 휴식하기 가장 좋은 시간 : 오전 11시~오후 3시

⑧ 쇼핑하기 가장 좋은 시간 : 오전 11시~오후 3시

⑨ 문화생활하기 가장 좋은 시간 : 오전 9시~오전 11시

⑩ 친구와 대화하기 가장 좋은 시간 : 오전 7시~오전 9시

⑪ 아버지와 대화하기 가장 좋은 시간 : 오후 9시~오후 11시

⑫ 어머니와 대화하기 가장 좋은 시간 : 오전 11시~오후 1시

⑬ 명상하기 가장 좋은 시간 : 오후 5시~오후 7시

⑭ 수면하기 가장 좋은 시간 : 상황에 따라서 대처하기 바람

⑮ 선생님·선배와 대화하기 가장 좋은 시간 : 오후 7시~오후 9시

5) 특수형에게 가장 잘 맞는 시간

① 공부하기 가장 좋은 시간 : 오전 9시~오후 3시

② 공부해도 되는 시간 : 특별한 시간이 없음

③ 공부하기 좋은 시간 : 오후 3시~오후 9시

④ 공부가 가장 안되는 시간 : 오전 3시~오전 9시

⑤ 공부해도 능률이 떨어지는 시간 : 오후 9시~다음 날 오전 3시

⑥ 운동하기 가장 좋은 시간 : 오전 7시~오전 9시

⑦ 휴식하기 가장 좋은 시간 : 오후 7시~오후 9시

⑧ 쇼핑하기 가장 좋은 시간 : 오후 7시~오후 9시

⑨ 문화생활에 가장 좋은 시간 : 오후 9시~오후 11시

⑩ 친구와 대화하기 가장 좋은 시간 : 오후 7시~오후 9시

⑪ 아버지와 대화하기 가장 좋은 시간 : 오후 7시~오후 9시

⑫ 어머니와 대화하기 가장 좋은 시간 : 오후 9시~오후 1시

⑬ 명상하기 가장 좋은 시간 : 오후 1시~오후 3시

⑭ 수면하기 가장 좋은 시간 : 오후 9시~다음 날 오전 9시

⑮ 선생님·선배와 대화하기 가장 좋은 시간 : 오후 1시~오후 3시

　사람마다의 습관과 체질로 분류한 각각의 형에 따른 시간활용표
를 만들어 보았다. 앞에 나오는 시간대를 그대로 활용하기 보다는
융통성 있게 사용하면 좋은 효과를 볼 수 있을 것이다. 특히 공부
가 가장 잘되는 시간과 가장 안되는 시간을 최대한 활용해야 한다.
그러면 짧은 시간에 얼마든지 성적을 올려 원하는 학교에 진학할
수 있다. 사람도 자연의 일부라는 것만 이해하면서 이 시간표를 바
탕으로 아이와 대화해 보면 해답이 바로 나올 것이다. 분명히 공부
가 잘되는 시간이 있고 안되는 시간이 있으니 믿음을 갖고 일단
한 번 시작해 보라.

11.

자녀에게 맞는 환경을 만들어준다

어린시절의 주거환경은 매우 중요하다. 태어나고 자란 집의 영향은 성장 후까지 미친다. 시골에서 어린시절을 보낸 사람들은 뛰어놀 수 있는 공간이 넓기 때문에 다양한 형태의 성격을 형성한다. 그러나 아파트에서 생활한 아이들은 대부분 자기 방에서 잠도 자고 공부도 하고 놀기도 하므로 자칫 잘못하면 생각의 폭이 좁아지고 내성적으로 흐르기 쉽다.

따라서 자녀들이 육체적으로나 정신적으로 건강하면서 공부를 잘하게 하려면 환경을 세심하게 배려하며 신경을 써야 한다. 자녀의 생활공간을 자녀의 특성에 맞게 색상이나 마감재(도배지, 바닥재, 가구, 커튼)를 적절히 사용한다면 정서적으로 안정되며 활력을 얻을 수 있고, 학습효과도 높일 수 있다.

아이들에게는 침대와 책상의 위치가 매우 중요하다. 침대는 누웠을 때 방문을 마주볼 수 있도록 놓고, 벽에 바짝 붙이지 않는 것이 좋다. 책상은 앉았을 때 방문을 등지거나 창문을 마주보게 하면 방문이나 창문으로 신경이 가게 마련이어서 공부에 방해가 된다. 사람과 바람이 들어오는 곳을 등지고 앉으면 심리적으로 불안해져 정신이 산만하며 집중력이 떨어진다. 그리고 책상을 창문 바로 밑에 놓으면 창문 밖의 일에 신경이 많이 가기 때문에 정신이 모아지지 않아 집중력이 떨어진다. 따라서 책상은 한쪽 벽에 붙이되 옆면이 문을 향하도록 하면 공부하면서도 옆눈으로 자연스럽게 문을 살필 수 있어 좋다. 그리고 가능하면 아래에서 말하는 방향을 향하게 하면 학습효과를 더 높일 수 있다.

커튼이나 벽지는 쾌적한 색상으로 하되 아이의 취향에 맞게 해주는 것이 좋다. 그 사람에게 맞는 색상을 선택하는 것이 좋으나 운세의 흐름에 따라 색상도 달라지기기 마련이므로 아이에게 좋아하는 색상과 무늬 등을 묻고 상의하여 결정하는 것이 좋다. 그리고 공간을 꾸밀 때 색상을 진한 것과 연한 것으로 변화를 주거나, 아이가 좋아하는 색상을 위주로 하면서 거기에 어울리는 색상을 선택하여 조화로운 분위기를 만드는 것이 가장 좋다.

1) 아침형에게 좋은 환경

① 동쪽에 있는 방이 공부에 도움이 된다.

② 청녹색 계열의 옷을 입는 것이 좋다. 특히 속옷에 좋다.

③ 공부방은 목재품으로 장식하는 것이 좋다.

④ 동쪽 창문을 주로 사용하는 것이 좋다.

⑤ 서쪽에 있는 방에서는 공부를 하지 않는 것이 좋다.

⑥ 음식(신맛, 청녹색)은 골고루 섭취하되 완두콩·강낭콩·매실·유자·귤·신김치·오렌지주스 ·식초·건포도·사과·모과·참기름·딸기·부추·참깨 ·들깨·깻잎·땅콩·잣·팥·보리·메밀·사이다·닭고기·메추리 ·간·쓸개·다슬기 등을 많이 먹는 것이 좋다.

2) 낮형에게 좋은 환경

① 남쪽에 있는 방이 공부에 도움이 된다.

② 붉은색 계열의 옷을 입는 것이 좋다. 특히 속옷에 좋다.

③ 공부방에는 목재가구를 놓는 것이 좋다.

④ 남쪽 창문을 주로 사용하는 것이 좋다.

⑤ 북쪽에 있는 방에서는 공부하지 않는 것이 좋다.

⑥ 음식(쓴맛·떫은맛, 붉은색)은 골고루 섭취하되 수수·은행·씀바귀·냉이·자몽·해바라기씨 ·쑥·쑥갓·산나물·근대·취나물·샐러리·더덕·도라지·영지버섯·인삼 ·커피·두릅·솔잎·죽순·조·옥수수·콩나물·토마토·포도 ·자장·홍차·초코릿·잣 ·양고기·염소고기·참새·메뚜기 ·염통·선지 등을 많이 먹는 것이 좋다.

3) 저녁형에게 좋은 환경

① 서쪽에 있는 방이 공부에 도움이 된다.

② 흰색 계열의 옷을 입는 것이 좋다. 특히 속옷에 좋다.

③ 공부방에는 철재가구를 놓는 것이 좋다.

④ 남쪽 창문은 사용하지 않는 것이 좋다.

⑤ 동쪽이나 남쪽에 있는 방에서는 공부하지 않는 것이 좋다.

⑥ 음식(매운맛, 백색)은 골고루 섭취하되 마늘·파·달래·양파·배추·배·복숭아·매운고추·생강 ·겨자·후추·고추장·무·알타리무·생강차·율무차·홍차 ·수정과·현미·표고버섯·우유·생선·대합·조개류·허파·대장·곱창 등을 많이 먹는 것이 좋다..

4) 밤형에게 좋은 환경

① 북쪽에 있는 방이 공부에 도움이 된다.

② 검은색 계열의 옷을 입는 것이 좋다. 특히 속옷에 좋다.

③ 공부방에는 될 수 있으면 목재가구는 놓지 말고 철재가구를 사용하는 것이 좋다. 특히 어항·수족관·각종 어족류의 장식이 좋으나 어항이나 수족관에는 물고기를 넣지 않는 것이 좋다.

④ 남쪽과 있는 방에서는 공부하지 않는 것이 좋다. 특히 서쪽에 있는 방은 가장 좋지 않다.

⑤ 음식(짠맛, 검은색)은 골고루 섭취하되 간장·된장·소금·죽염·밤·수박·미역·다시마·김·파래·해초류 ·콩잎·녹용·

진주·쥐눈이콩·검은콩·검은깨·실고사리 ·가지·오이·개
구리·지렁이·굼벵이·가물치·흑염소 ·젓갈류 등을 많이 먹
는 것이 좋다.

5) 특수형에게 좋은 환경

① 집 중앙에 있는 방이 공부에 가장 도움이 되고, 그 다음은 남쪽
에 있는 방이 좋다.

② 황토색 계열의 옷을 입는 것이 좋다. 특히 속옷에 좋다.

③ 공부방에는 철재가구를 놓는 것이 좋고, 장식품은 흙으로 만든
것이 좋다.

④ 동쪽에 있는 방에서는 공부하지 않는 것이 좋다.

⑤ 음식(단맛, 황색)은 골고루 섭취하되 호박·참외·대추·단감·
고구마·마·시금치·미나리·연근 ·기장쌀·햄·꿀·설탕·
엿·엿기름·식혜·포도당 ·칡뿌리·쇠고기·토끼고기 등을
많이 먹는 것이 좋다.

12.
부모 중 누가 지도하는 것이 좋을까?

부모와 자식 사이도 사람과 사람의 관계이기 때문에 서로 맞는 체질과 맞지 않는 체질이 있다. 상담하면서 가끔 보는데 답답하기 그지없다. 분명히 그 어머니의 뱃속에서 10개월 동안 자랐는데도 만나기만 하면 다투는 것이다. 아무리 마음을 고쳐먹어도 서로 화합하지 못하는 경우를 많이 보았다. 소위 말하는 원진살 같은 것이라도 있으면 그 작용은 엄청나다. 그래서 어떤 사람들은 자식과 따로 살기도 한다. 특히 어머니와 아들의 사이가 더 심하다.

얼마 전에 중학생을 둔 어머니가 전화를 걸어왔다. 아들 때문에 미치겠다는 것이다. 부모의 사주와 아들의 사주를 분석해보니 아들은 어머니 때문에 받은 스트레스가 쌓이고 쌓여 더는 감당할 수 없어 방황하고 있었다. 그래서 어머니에게 간섭하지 말라고 했지만 어머니가 아이의 일에 간섭하지 않는다는 것이 쉬운 일인가. 그 아이는 지금도 마음을 잡지 못하고 가출을 반복하고 있다. 어머니가 달라지지 않으면 이 아이는 정상적으로 성장하기 어렵다.

　부모와 자식의 사주로 체질을 분석하는 것이 가장 정확하지만 일반인들은 사주를 접하기도 배우기도 쉽지 않으니 일반적으로 활용할 수 있는 오링테스트를 적용해 본다. 부모 중에 누가 더 자녀와 체질이 잘 맞는가를 알고 그 사람이 자녀의 지도를 주도한다면 더 좋을 것이다. 100%는 아니더라도 어느 정도는 효과가 있으니 참고하기 바란다.

■ 오링테스트의 기원과 방법

　1971년 미국 미시간 주 디트로이트에 사는 조지 굿하트 박사는 근육 시험방법을 광범위하게 연구해 오던 중 모든 근육의 강약은 그 근육에 상응하는 기관의 변화와 관련이 있다는 것을 발견하였다. 육체에 도움이 되지 않는 자극을 받을 때는 근육의 힘이 순간적으로 약해지고, 도움이 되는 자극을 받을 때는 강해진다는 것이다, 예를 들면 체질에 맞지 않는 물건을 손에 쥐거나 만지면 근육의 힘이 약해지고, 체질에 맞는 물건을 손에 쥐거나 만지면 근육의 힘이 강해진다는 것이다,

　정신과 의사인 존 다이아몬드 박사는 이러한 운동역학을 정신과 진단과 치료에 응용하기 시작한 사람들 중 하나다. 그는 이러한 운동역학의 광범위한 쓰임새를 행동운동역학이라고 명명하였다. 이 검사는 바로 실시할 수 있었고, 짧은 시간에 확실한 결론을 얻을

수 있었다. 그리고 여러 임상실험을 했는데 누가 진단해도 결과는 같게 나온다는 것이 확인되었다

오링테스트를 개발한 일본의 노무라는 여기서 힌트를 얻어 온몸의 근육을 이용하는 것이 불편하고 어려워 쉽게 할 수 있는 방법이 없을까를 생각하던 중에 엄지와 검지만 이용해도 결과가 같다는 것을 알아내 사용하게 되었다. 이것이 널리 알려져 지금은 많은 사람이 활용하는 것이다.

① 오링테스트를 할 때는 몸에 반지·귀걸이·휴대폰·시계·안경 등 금속제품을 지니지 않는 것이 더 정확하게 나온다.

② 아이에게 어머니나 아버지의 손을 한쪽 손으로 잡게 한다.

③ 아이의 다른 한쪽 손은 엄지와 검지 끝에 힘을 주어 맞붙이게 한다.

④ 제3자가 양손으로 아이가 맞붙인 엄지와 검지를 떼본다.

⑤ 이때 아이는 엄지와 검지가 떨어지지 않도록 힘을 주게 되는데, 이 힘의 강도로 측정하는 것이다.

⑥ 힘이 강해져 엄지와 검지가 떨어지지 않으면 아이의 손을 잡은 사람과 생각이나 체질이 잘 맞는 것이고, 힘이 약해지면 그 사람과 생각이나 체질이 잘 맞지 않는 것이라고 판단한다.

이렇게 검사하여 부모 중 생각이나 체질이 사람이 아이를 지도하면 더 효과적일 것이니 활용해 보기 바란다.

13.
진로선택은 빠를수록 좋다

요즘은 대학졸업자가 너무 많아 고학력 실업자가 늘어나는 추세다. 대학교까지 나왔으니 거기에 맞는 직장을 찾아야 하는데 들어갈 수 있는 곳은 한정되어 있다. 실력이 뛰어나지 않으면 취직은 꿈도 꿀 수 없는 것이 현실이다.

우리나라는 1990년대 이후 대학진학률이 급속히 증가하였다. 1990년에는 33.2%이던 것이 2004년에는 81.4%로 높아졌고, 실업계의 대학진학률도 8.3%에서 62.3%로 늘어났다. 대학졸업자가 이렇게 많으니 취직은 낙타가 바늘구멍을 통과하는 것보다 더 어려워졌다. 생각을 바꾸어 아무 데라도 취직하려니 대학을 졸업한 것이 오히려 발목을 잡는다. 한마디로 배운 것은 많은데 그것을 활용할 수 있는 곳을 찾기 어렵다. 그럼에도 모두 대학교에 가려고 온갖 고생을 마다하지 않는다. 대학교를 나와야 별 수가 없는데도 말이다.

대학교에 들어갈 때 자신의 재능이나 적성에 맞는 학과에 가는 사람이 과연 몇이나 될까? 재능이나 적성과는 관계없이 오로지 성적만으로 들어가니 결국은 4년이라는 소중한 시간을 낭비하고 쓸데없는 자만심만 키우는 결과를 낳는다. 재능이나 적성을 무시하고 간판 때문에 들어갔으니 열심히 공부할 리가 없다. 학점만 미달되지 말아야지 하는 마음으로 대충 왔다 갔다 하며 아까운 대학시절을 흘려보내다 결국은 상당수가 전공과 관계없는 일을 하게 된다.

이처럼 자신이 대학교에서 배운 지식을 한 번도 활용하지 못하는 경우가 허다할 것이다. 차라리 그 학자금으로 다른 길을 모색하는 것이 나은 방법일 것이다. 재능과 적성에 맞지 않는 과로 진학한 학생이 80%에 가깝다고 하니 가히 충격적이다. 그 여파로 중도에 학업을 포기하거나 휴학하거나 다시 입학시험에 도전하는가 하면 편입시험에 매달리는 학생이 7만여 명이나 된다고 한다.

그러나 이런 생각도 못하거나 주위의 여건 때문에 엄두도 내지 못하고 그냥 막연하게 졸업하는 사람이 더 많다는 것이다. 그리고 대기업에 들어가서도 재능이나 적성에 맞지 않아 이직을 희망하는 사람이 35% 이상이라니 이 얼마나 불행한 일인가.

그래도 다행스러운 것은 요즘은 대학교에서도 신입생을 선발할 때 적성검사 비중을 점점 높여간다는 것이고, 기업에서도 신입사원을 채용할 때 적성검사를 하여 직종에 맞는 사람을 뽑는다는 것이다. 따라서 취직이 잘되는 인기학과를 나왔다고 해도 그 학과가 자신에게 잘 맞지 않는다면 취업하기 어렵고, 취직했다 해도 그 분야에서 좋은 성과를 내기 힘들다.

물건 하나를 살 때도 이것저것 따져보고 결정하는데 자녀의 인생이 걸려 있는 중요한 진학문제를 부모의 생각과 의지대로 결정하는 것은 자녀의 미래를 걱정하는 부모라고 할 수 없다. 물론 부모도 할 말이 있다. 자식을 위해서라고. 그러나 이것은 자신의 생각이지 자녀의 입장은 아니다.

거듭 강조하지만 인기있는 학과나 유망한 직종이라고 무조건 선택할 것이 아니라 우선 내 자녀의 재능이나 적성과 잘 맞는지를 우선 생각해야 한다. 진정으로 자녀의 성공을 원한다면 어려서부터 고액과외를 시키기에 앞서 자녀를 관심있게 살펴보고 재능과 적성을 정확하게 판단하여 이끌어 주어야 한다. 부모의 욕심보다 자녀를 중심으로 객관적으로 판단해야 한다는 것이다.

그리고 공부에 흥미를 느끼지 못하거나 성적이 중하위권이라도 실망하거나 포기할 필요는 없다. 이 세상은 잘난 사람이든 못난 사람이든 공부를 잘하든 못하든 사람마다 타고난 재능이 따로 있고 반드시 그 재능에 맞는 일이 있기 때문이다.

그러니 지금 재능이 보이지 않는다면 아직 발견하지 못했거나 개발하지 못했기 때문이니 꾸준히 관심을 갖고 지켜보는 것이 중요하다. 재능과 적성을 알아보는 방법은 여러 가지가 있다. 그 중에서 많은 사람이 참고하는 검사법을 알아보고자 한다.

■ MBTI에 의한 적성검사

MBTI는 Myers-Briggs Type Indicator의 머리글자를 딴 것으로, 캐서린 브리그스(Catharine C.Briggs)와 이사벨 마이어스(Isabel Briggs Myers)가 칼 융(C. G. Jung)의 성격유형이론에 근거하여 생활에 활용할 수 있도록 연구·개발한 인간이해를 위한 성격유형 모델이다.

MBTI는 인간의 행동이 매우 다양하여 종잡을 수 없는 것 같아도 사실은 아주 질서정연하고 일관된 경향이 있다는 데서 출발하였다. 개인이 쉽게 응답할 수 있는 자기보고식 문항을 통해 인식하고 판단할 때의 각자 선호하는 경향을 찾는다. 인식은 사물·사람·사건·아이디어를 깨닫는 모든 방법을 말하고, 판단은 인식한 내용을 바탕으로 결론을 내리는 모든 방식을 말한다. 사람이 인식하는 방법이 근본적으로 다르고, 결론을 내리는 방법도 다르다면 반응·흥미·가치·동기·기술·관심 등이 다른 것 또한 당연한 것이다.

이것은 현재 세계에서 가장 널리 사용하는 심리검사 중 하나로, 약 40개 국에서 20가지 이상의 언어로 번역하여 사용한다고 한다. MBTI는 다음의 4가지 선호경향을 집중적으로 분석하여 적성을 알아보는 방법이다.

① 에너지 영향 : 외향(E)Extroversions 또는 내향(I)Introversion
② 인식기능(정보수집) : 감각(S)Sensing 또는 직관(N)iNtuition
③ 판단기능(판단·결정) : 사고(T)Thinking 또는 감정(F)Feeling
④ 이해양식·생활양식 : 판단(J)Judging 또는 인식(P)Perceiving

홀랜드 진로이론에 의한 적성검사는 진로심리 학자인 존 L. 홀랜드의 진로이론에 따라 세상의 모든 직업과 사람들의 적성을 6가지 유형으로 나누어 검사하는 방법이다.

① 관습형(C) : 책임감 있고 빈틈없으며 변화를 싫어하고 안정을 추구하는 성격. 세무사·행정공무원·은행원 등에 잘 맞는다.

② 현실형(R) : 성실하면서 말이 적고 기계적으로 움직이는 성격. 엔지니어·운동선수·농부 등에 잘 맞는다.

③ 사회형(S) : 명랑하고 친절하며 이해심이 많고 사교적인 성격. 교사·상담·사회복지·성직자 등에 잘 맞는다.

④ 탐구형(I) : 지적이며 호기심이 많고 분석적이며 개방적인 성격. 물리학자·의학자·수학자·컴퓨터 프로그래머에 잘 맞는다.

⑤ 진취형(E) : 권력 지향적이며 야심이 많고 지배적인 성격. 경영·관리·언론·정치 등에 잘 맞는다.

⑥ 예술형(A) : 상상력이 풍부하며 직관적이고 독창적인 성격. 예술가·작가·음악가·화가·디자이너 등에 잘 맞는다.

이 외에도 다른 검사방법이 여러 가지 있으나 대개 앞의 것들과 비슷하다. 근래에 와서는 동양에서 발달한 음양오행(陰陽五行)으로 천부적인 적성검사를 하기도 한다. 음양오행은 우리가 흔히 말하는 사주팔자(四柱八字)를 말하고, 사주팔자는 태어나는 순간 존재하는 자연의 상태가 그 사람의 운명을 좌우한다는 학문으로 역학(易學)이라고도 한다.

여기서 사주팔자가 맞는다 맞지 않는다는 것을 말하려는 것은 아니나 역학은 사람의 운명을 판단하는 학문으로 5,000여 년 동안 발전해 왔다. 만약 엉터리거나 적중률이 낮았다면 이미 오래 전에 사라졌을 것이다. 그러나 어느 정도 신빙성과 정확성을 담보하기 때문에 과학이 지배하는 현재에도 자신의 운명을 알고 싶어 하는 사람들로 철학원은 문전성시를 이룬다.

과거 봉건시대에는 역술을 업이 아니라 천직으로 여기고 연구하며 상담하였다. 그러나 오늘날에는 일부 역술인들이 생활수단으로 활용하면서 사람들을 불안하게 하기도 하고, 거짓말로 금전적인 이익을 취하다 보니 학문으로서는 다소 타락했다고 본다. 특히 일제 강점기에는 우리나라의 민족정신을 말살하려는 정책에 의해 더 미신화된 것으로 본다.

음양오행을 이용한 천부적 적성검사는 일반인이 접하기에는 다소 어려운 면이 있다. 교사나 부모가 배워 활용하면 좋겠다는 생각이 들지만 공부하는 과정이 쉽지 않다. 보다 효율적인 방법으로 전문가의 조언을 받고 싶어도 누가 가장 정확하게 음양오행을 풀이하는지 알 수 없고, 그 진실성도 믿기 어려운 것이 현실이다.

그렇다고 나라에서 자격을 부여할 수도 없을 것이다. 만일 사람의 운명을 다루는 사람에게 자격증을 준다면 그 사람의 말 한마디에 사람이 죽고 살 수도 있기 때문이다. 근래에는 일부 대학에 역학과가 신설되고 있으니 한층 더 과학적인 접근이 시도되리라고 본다. 물론 눈에 보이는 것만 믿는 과학이 눈에 보이지 않는 음양오행의 학문을 분석할 수는 없으리라고 생각하나 어느 정도는 접근이 가능하다고 본다. 최고의 학부인 대학에서 가르칠 정도가 되었다면 이제는 역학을 믿어도 되지 않을까 생각해 본다. 여기서 음양오행에 대한 개념을 잠깐 짚고 넘어가기로 한다.

역학(易學)이란 동양철학의 주역(周易)·사주학(四柱學)·운기학(運氣學)·기문둔갑(奇門遁甲)·육임(六任) 등을 총칭하는 말이다. 그러나 일반적으로는 사주학을 말하고, 사주학은 음양오행에서 생성된 갑을병정무기경신임계(甲乙丙丁戊己庚申壬癸)의 십간(十干)과 자축인묘진사오미신유술해.(子丑寅卯辰巳午未辛酉戌亥)의 십이지(十二支)로 이루어져 있다.

이 십간과 십이지를 이루는 원소들이 자연에 존재하는데 사람이 태어나는 순간에 그 사람의 근본이 된다. 따라서 이 원소들간의 변화와 관계를 분석하여 그 사람의 가족·성격·적성·재능·건강·직업·사업의 성패 관계 등을 아는 것이다.

그리고 한의학은 음양오행을 빼고는 논할 수 없는 데도 사주학을 불신하는 것을 보면 사주학을 연구하는 사람들의 잘못이 아닌가 생각한다. 지금은 한의학과 동양역학을 구분하지만 원래는 학문의 뿌리는 같고 함께 연구하던 분야다.

우리나라 태극기에 나오는 건곤감리괘(乾坤坎離卦)도 주역에서 따온 것으로 역학은 우리의 역사와 문화 그리고 생활에까지 깊이 자리잡고 있으나 사람들이 느끼지 못할 뿐이다. 음양오행으로 이루어진 사주학은 현존하는 운명학 중에서 가장 이상적이며 합리적인 학문이라고 생각한다.

우리는 음양오행을 활용해서 재능이나 적성을 알려는 것이지 운명을 보려는 것은 아니다. MBTI에 의한 적성검사나 홀랜드 진로이론에 의한 적성검사도 무시할 수 없는 방법이나 이들은 통합적·포괄적·외향적으로 접근하는 방법이기 때문에 환경의 변화에 따라 달라질 수도 있고, 나이와 년도, 심리상태에 따라 다른 결과가 나타날 수도 있다는 단점이 있다.

그리고 무엇보다 구체적이지 못하고, 경험하고 본 것을 위주로 한 결과가 나올 수도 있다는 것이 큰 단점이다. 그렇지만 음양오행으로 판단하는 재능과 적성은 어떤 경우에도 바뀌지 않고, 구체적으로 그 사람의 재능과 적성을 분석할 수 있다.

사람의 생명을 이어가게 만드는 것이 공기 속에 있는 에너지이며, 이 에너지가 바로 음양오행이다. 따라서 음양오행을 토대로 한 천부적 적성이 가장 정확한 적성이라고 할 수 있다. 천부적 적성을 제대로 알고 어릴 때부터 연구하고 발전시킨다면 아름답고 행복한 삶을 살아갈 것이라고 확신한다.

MBTI에 의한 적성검사는 16가지로 나누고, 홀랜드 진로이론에 의한 적성검사는 6가지로 나눈다. 그러나 음양오행으로 알아보는 천부적 적성검사는 하루에 12개의 사주가 나온다고 본다면(동양의 시간은 하루를 12지지로 나눈다) 365일에 12개의 사주를 곱하면 1

년에 나오는 사주는 4,380개가 된다. 즉 한 해에 태어나는 사주는 모두 4,380개가 되고, 이 4,380개의 사주마다 천부적 적성이 모두 다를 수 있다는 것이다.

물론 모두 다를 수는 없지만 같은 해, 같은 달, 같은 날에 태어나도 출생시간이 다르면 천부적 적성이 다르게 나올 수 있다. 같은 해, 같은 달, 같은 날에 태어나면 대부분 성격이 비슷하다고 해도 과언은 아니다. 사주팔자 8개의 글자 중에 6개가 같으니 성격이 비슷할 수밖에 없는 것은 당연하다. 그러나 성격이 비슷해도 적성은 전혀 다르게 나타날 수도 있다. 이것이 천부적 적성검사의 최고 장점이며 활용해야 할 부분이다.

MBTI에 의한 적성검사나 홀랜드 진로이론에 의한 적성검사를 받아 본 학생들 중에는 황당하다고 생각하는 사람들이 많다. 검사결과를 보면 도대체 어느 직종이 맞는다는 것인지 결정하기 어렵다는 것이다. 그러나 지금은 더 좋은 검사방법이 없으니 이 2가지 중에서 선택할 수 없다.

그러나 한 가지 방법으로만 알아보면 정확하지 않을 수도 있으니 다양한 방법을 활용하면 더 좋은 분석결과를 얻어낼 수 있을 것이다. 따라서 여러 방법으로 적성을 검사한 후에 그 결과를 최종적으로 분석하고 판단하는 것이 가장 현명하다고 본다. 그러나 가장 정확한 것은 음양오행을 기초로 한 천부적인 적성검사다. 자녀의 미래는 자녀의 적성을 제대로 알고 어떻게 활용했느냐에 따라 달라진다고 해도 과언이 아니다.

14.
적성검사를 하지 않고 재능과 적성을
알아보는 방법

여기서는 앞에서 논한 방법 외에 부모와 자녀가 함께 재능과 적성을 알아보는 방법과 적성검사를 한 후에 어떻게 할 것인가를 구체적으로 생각해 보기로 한다.

1) 자신의 정보를 자세하고 구체적으로 기록하여 분석한다.

① 가장 잘하는 것은 무엇인가?

② 그 다음으로 잘하는 것은 무엇인가?

③ 가장 좋아하는 것은 무엇인가?

④ 가장 관심이 많은 것은 무엇인가?

⑤ 가장 하고 싶은 일은 무엇인가?

⑥ 성격은 구체적으로 어떤가?

⑦ 건강상태는 구체적으로 어떤가?

⑧ 추구하는 삶의 가치와 목표는 무엇인가?

2) 직업의 종류와 전망 등에 대한 정보를 수집한다.

① 전문적인 지식을 갖춘 사람이나 책, 인터넷 등을 통하여 정보를
수집한다.

3) 수집한 정보를 토대로 가장 잘 맞는 직업을 선택한다.

① 자신에 대한 정보와 직업 등의 정보를 세밀하게 분석한다.

② 혼자 결정하지 말고 주위 사람들에게 조언을 구한다.

③ 필요하면 전문가에게 도움을 받는다.

④ 선택한 직업을 구체적으로 세분화시켜 본다. 예를 들어 컴퓨터
와 관련된 직업이라면 연구개발·정보처리·관리·시스템분
석·프로그래머·보안전문·정보검색·그래픽디자이너·멀티
미디어·데이터베이스 관리·정보컨설턴트 등 수없이 많다. 이
렇게 많은데 막연하게 컴퓨터 전문가가 되겠다고 하면 성취도
가 낮아질 수밖에 없으니 구체적으로 정해서 공부한다. 또 교사
가 되고 싶으면 무슨 과목 교사인지 구체적으로 정해야 한다.

⑤ 재능이나 적성에 가장 잘 맞는 직업을 하나 정했으면 2~3가지
를 더 선택하는 것이 좋다. 여러 상황에 대처하기 위해서다.

4) 선택한 직업에 필요한 여건 등을 최종점검한다.

① 선택한 직업에 대한 정보를 구체적이며 자세하게 수집한다.

② 선택한 직업의 전망을 구체적으로 한 번 더 분석한다.

③ 선택한 직업에 필요한 지식을 얻는 시간은 충분한지 점검한다.

④ 건강이 선택한 직업을 수행할 수 있는지 점검한다.

⑤ 주위 여건이 선택한 직업을 수행할 수 있는지 점검한다.

⑥ 선택한 직업에 필요한 지식을 습득할 수 있는 학교에 진학할 수 있는 실력이 되는지 점검한다.

5) 직업을 결정했으면 거기에 맞는 목표를 설정한다.

① 자신이 선택한 직업에 종사하는 사람 중에서 성공모델을 한 명 정한다.

② 항상 그 모델과 같은 위치에 있는 모습을 상상한다.

③ 선택한 직업에 필요한 지식을 배우는 과정을 단계별로 정리하여 구체적으로 계획을 세운다. 예를 들어 선택한 직업에 필요한 지식을 습득하는데 필요한 과목은 무엇이고, 그 과목을 배워야 하는 시기는 언제이고, 그 일을 수행하는데 필요한 일반적인 상식이나 대인관계는 어떻게 배울 것인가 등을 구체적으로 계획을 세워야 한다. 어느 중학교, 어느 고등학교, 어느 대학교, 무슨 과를 갈 것인가를 결정해 목표로 만든다.

④ 단계별로 정리한 것을 구체적으로 어떻게 시간을 활용할 것인가를 정한다.

⑤ 선택한 직업에 필요한 자격증이 있으면 취득시기를 정한다.

⑥ 선택한 직업에 맞는 환경은 어떤 것이 좋은지 알아보고, 그런 환경을 조성하는데 노력한다. 예를 들어 장래의 직업이 자동차 디자이너라면 자동차 모형을 모으거나 자동차와 관련된 책을

보거나 자동차에 관한 프로그램 등을 수집하여 언제든지 일할 수 있는 환경을 만들어야 작은 정보라도 놓치지 않을 것이다. 그리고 수집한 정보나 자료 하나 하나가 모두 지식이 되고 성공으로 가는 밑거름이 되도록 활용해야 한다.

이렇게 결정하고 계획한 후에는 착실하게 실천해야 한다. 첫 술에 배가 부르지 않듯이 시작했다고 성취한 것은 아니다. 시작은 시작일 뿐이다. 끝까지 최선을 다해 목표에 도달해야만 성공의 희열을 맛볼 수 있으니 잠시도 게을리하면 안된다.

15.
적성으로 보는 직업

우리는 대개 일류대학을 졸업하거나 '사' 자가 붙은 자격증이 있으면 모두 돈을 잘 벌며 잘 산다고 생각한다. 천만의 말씀이다. 일류대학을 나왔거나 '사' 자가 붙은 사람 중에도 백수가 매우 많다. 이런 현상은 천부적 적성을 외면하고 간판이나 인기만을 보고 학교나 전공을 선택하여 자신의 재능과 적성을 발전시키지 못했기 때문이다.

다음에 제시하는 천부적 적성검사는 필자가 20여 년 동안 현장에서 체험한 것을 바탕으로 한 것이다. 이 방법은 사람의 성격·취미·행동 등을 분석하여 연구한 결과물이며, 일반인도 누구나 쉽게 적성을 찾을 수 있도록 체계화했으니 많이 활용하기 바란다.

1) 다음의 질문에서 15개 이상의 항목에 해당하면 이 직업이 적성에 맞는다고 할 수 있다. 검사·군인·경찰·일반외과 의사·정형외과 의사·성형외과 의사·흉부외과 의사·신경외과 의사·산부인과 의사·치과 의사·마취과 의사·수의사·동물병원·간호사·교도관·이용사·미용사·요리사·영양사·화원·도축업·불고기집·식육점·식육유통·식육식당·동물조련사·벌목이나 나무 자르는 일.

① 나는 곤충이나 벌레를 무서워하지 않는다.

② 나는 곤충이나 벌레를 아무렇지 않게 죽인다.

③ 나는 불쌍한 사람을 보면 도와주고 싶은 생각이 많이 든다.

④ 나는 몸이 아파도 아프다는 소리를 하지 않고 잘 참는다.

⑤ 나는 주사맞는 것을 겁내지 않는다.

⑥ 나는 칼이나 가위를 갖고 노는 것을 좋아한다.

⑦ 나는 개구리를 잡아 해부해 본 적이 있다.

⑧ 나는 순정 영화나 만화보다 전쟁 영화나 만화를 더 좋아한다.

⑨ 나는 친구들과 칼싸움놀이를 하는 것을 매우 좋아한다.

⑩ 나는 장난감을 사도 총이나 칼을 산다.

⑪ 나는 친구나 다른 사람과 싸워 지면 분해서 잠이 오지 않는다.

⑫ 나는 투우경기를 보면서 짜릿한 쾌감을 느낀다.

⑬ 나는 내 몸에 상처가 나고 피가 흘러도 걱정하지 않는다.

⑭ 나는 이기는 싸움에서는 확실하게 상대방을 제압한다.

⑮ 나는 동물의 왕국 같은 프로그램에서 사냥하는 호랑이를 보면 기분이 좋다.

⑯ 나는 내가 주장하는 일은 끝까지 우기는 기질이 강하다.

⑰ 나는 성격이 부드럽다고 생각하는데 남들은 강하다고 한다.

⑱ 나는 성격이 따뜻하다고 생각하는데 남들은 차갑다고 한다.

⑲ 나는 남들과 시비를 자주 벌이는 편이다.

⑳ 나는 병원놀이를 하면서 재미있게 논 적이 있다.

㉑ 나는 인체에 대한 관심이 많다.

㉒ 나는 한 가지 일에 몰두하면 주위를 돌아보지 않는다.

㉓ 나는 일을 서두르지 않고 신중하게 처리하는 편이다.

㉔ 나는 실패를 두려워하지 않는 강인한 정신력이 있다.

㉕ 나는 집중력이 매우 높은 편이다.

2) 다음의 질문에서 15개 이상의 항목에 해당하면 이 직업이 적성에 맞는다고 할 수 있다. 내과 의사·비뇨기과 의사·소아과 의사·피부과 의사·신경과 의사·정신과 의사·안과 의사·이비인후과 의사·비뇨기과 의사·검찰청 직원·군속·사무직 경찰·간호보조원·사복교도관·이용사·미용사·요리사·영양사·요리강사·이용강사·미용강사·화원·조경사·동물과 관련된 일·도축업·불고기집·식육점·식육유통·식육식당·동물조련사·벌목이나 나무 자르는 일.

① 나는 곤충이나 벌레를 무서워하지 않는다.

② 나는 곤충이나 벌레를 아무렇지 않게 죽인다.

③ 나는 불쌍한 사람을 보면 도와주고 싶은 생각이 들 때도 있다.

④ 나는 몸이 아파도 아프다는 말을 잘 하지 않지만 할 때도 있다.

⑤ 나는 주사맞는 것이 가끔 무서울 때가 있다.

⑥ 나는 칼이나 가위를 무서워하지 않는다.

⑦ 나는 개구리를 잡아 노는 것은 좋아하나 해부해 본 적은 없다.

⑧ 나는 전쟁 영화나 만화를 좋아하나 사람이 죽는 장면은 피한다.

⑨ 나는 친구들과 전쟁놀이하는 것을 싫어하지도 즐기지도 않는다.

⑩ 나는 장난감 중에서 로봇을 좋아한다.

⑪ 나는 다른 사람과 싸워 지면 분한 생각이 들어도 쉽게 잊는다.

⑫ 나는 투우경기를 보는 것을 즐기지만 쾌감을 느끼지는 않는다.

⑬ 나는 내 몸에 상처가 나고 피가 흐르면 두렵지는 않아도 치료
하려고 노력한다.

⑭ 나는 싸움에서 지면 끝까지 싸우려고 하는 편이다.

⑮ 나는 동물의 왕국 같은 프로그램에서 사냥하는 호랑이를 보면
기분이 좋다.

⑯ 나는 내가 주장하는 일은 끝까지 우기는 기질이 강하다.

⑰ 나는 성격이 부드럽다고 생각하는데 남들은 강하다고 한다.

⑱ 나는 성격이 따뜻하다고 생각하는데 남들은 차갑다고 한다.

⑲ 나는 남들과 시비를 자주 벌이는 편이다.

⑳ 나는 병원놀이를 해본 적이 있다.

㉑ 나는 인체에 궁금증을 가져본 적이 있다.

㉒ 나는 내가 한 일을 끝까지 책임진다.

㉓ 나는 일을 서두르지 않고 신중하게 처리하는 편이다.

㉔ 나는 실패를 두려워하지 않는 강인한 정신력이 있다.

㉕ 나는 집중력이 매우 높은 편이다.

3) 다음의 질문에서 15개 이상의 항목에 해당하면 이 직업이 적성에 맞는다고 할 수 있다. 신문기자·방송기자·대학교수·입시학원 강사·메이크업과 관련된 일·영화감독·조명감독·연극연출가·드라마 연출가·분장사.

① 나는 카리스마가 있다고 생각한다.

② 나는 남들보다 직설적으로 표현하는 편이다.

③ 나는 사물을 볼 때 세밀한 부분까지 분석하고 관찰한다.

④ 나는 내가 하는 것보다 남이 하는 것을 즐겨 보는 편이다.

⑤ 나는 남이 싫다고 해도 내가 하고 싶은 일을 하는 편이다.

⑥ 나는 부드러우면서도 강한 면이 있다.

⑦ 나는 신경이 매우 날카롭고 예민한 편이다.

⑧ 나는 말로는 남에게 져본 일이 거의 없다.

⑨ 나는 혼자서도 잘 중얼거리는 버릇이 있다.

⑩ 나는 말을 논리적으로 조리있게 잘 하는 편이다.

⑪ 나는 남 앞에 나서는 것을 두려워하지 않는 편이다.

⑫ 나는 인정받는 것에 큰 관심이 없고 묵묵히 일하는 편이다.

⑬ 나는 감수성이 예민하고 잘 우는 편이다.

⑭ 나는 활발한 성격의 소유자다.

⑮ 나는 사람을 만나는 것을 좋아하는 편이다.

⑯ 나는 내가 주장하는 일은 끝까지 우기는 기질이 강하다.

⑰ 나는 성격이 부드럽다고 생각하는데 남들은 강하다고 한다.

⑱ 나는 성격이 따뜻하다고 생각하는데 남들은 차갑다고 한다.

⑲ 나는 남들과 시비하면 대개 화해하는 편이다.

⑳ 나는 내가 아는 지식이나 학문을 남에게 전하는 것을 좋아한다.

㉑ 나는 사람이 살아가는 모든 것에 관심이 많다.

㉒ 나는 신문이나 잡지 등 뉴스에 관심이 많다.

㉓ 나는 만나는 사람마다 그 사람을 분석한다.

㉔ 나는 실패를 두려워하지 않는 강인한 정신력이 있다.

㉕ 나는 집중력이 매우 높은 편이다.

4) 다음의 질문에서 15개 이상의 항목에 해당하면 이 직업이 적성에 맞는다고 할 수 있다. 시나리오 작가·드라마 작가·예능과목 교수·예능과목 교사·대중가요 가수·국악인·클래식 가수·작곡가·작사가·소설가·화가·만화가·영화배우·탈렌트·연극배우·레크리에이션 강사 및 치료사·대중가요 강사·개그맨·무용가·안무가·번역가·통역사·광고제작 감독·각종 디자이너·마케팅과 관련된 일·종이 제작과 관련된 일.

① 나는 사람이나 동물의 흉내내기를 좋아한다.

② 나는 화려한 것을 좋아한다.

③ 나는 음식 만드는 것을 좋아한다.

④ 나는 남에게 해로운 말을 잘 못한다.

⑤ 나는 말을 잘하는 편이다.

⑥ 나는 글쓰기를 좋아한다.

⑦ 나는 궁금한 것은 꼭 보아야 직성이 풀린다.

⑧ 나는 내 그림이나 작문이 마음에 들지 않는데도 남들은 좋다고
한다.

⑨ 나는 스릴과 긴장감이 흐르는 것을 좋아한다.

⑩ 나는 감수성이 예민하고 신경질적일 때도 있다.

⑪ 나는 남들보다 음성이 좀 굵다고 생각한다.

⑫ 나는 웅변대회에 나가 상을 받아본 적이 있다.

⑬ 나는 글짓기대회에서 상을 받아본 적이 있다.

⑭ 나는 성격이 급한 편이다.

⑮ 나는 책 읽는 것을 좋아한다.

⑯ 나는 영화나 연속극을 다른 프로그램보다 좋아한다.

⑰ 나는 성격이 부드러울 때는 한없이 부드럽다.

⑱ 나는 상대방을 무시하는 경우가 종종 있다.

⑲ 나는 다른 사람들에게 인기있는 편이다.

⑳ 나는 내 그림·글·노래가 다른 사람보다 못한 것 같은데 다른
사람들은 잘했다고 하는 경우가 많다.

㉑ 나는 노래를 잘 한다고 생각한다.

㉒ 나는 무엇이든지 세심하게 관찰하는 버릇이 있다.

㉓ 나는 일할 때는 덤벙대지만 글을 쓰거나 말할 때는 실수하지 않는 편이다.

㉔ 나는 실패에 대한 두려움이 많다.

㉕ 나는 공상을 잘하며 깊은 생각에 잠기기도 한다.

5) 다음의 질문에서 15개 이상의 항목에 해당하면 이 직업이 적성에 맞는다고 할 수 있다. 공무원·교사·유아원 교사·유치원 교사·사회복지사·봉사하는 일.

① 나는 음식 만드는 것을 좋아하는 편이다.

② 나는 남에게 해로운 말은 잘 못한다.

③ 나는 불쌍한 사람을 보면 도와주고 싶은 생각이 많이 든다.

④ 나는 몸이 조금만 아파도 아프다고 난리를 친다.

⑤ 나는 글 읽는 것을 좋아한다.

⑥ 나는 사람들과 잘 어울리며 친하게 지내는 편이다.

⑦ 나는 다른 사람을 설득하는데 자신이 있다.

⑧ 나는 조리있게 설명하는 것을 좋아한다.

⑨ 나는 남 앞에서 말하는 것을 매우 좋아한다.

⑩ 나는 웅변대회에서 상을 타본 적이 있다.

⑪ 나는 친구들과 다투면 대화로 해결하는 편이다.

⑫ 나는 그림그리기를 좋아한다.

⑬ 나는 노래부르기를 좋아한다.

⑭ 나는 감정이 예민하며 쉽게 마음이 상하기도 하는 편이다.

⑮ 나는 입맛이 까다로운 편이다.

⑯ 나는 간혹 상대방을 무시할 때도 있다.

⑰ 나는 성격이 부드럽다고 생각하는데 남들은 강하다고 한다.

⑱ 나는 물건을 살 때 이것저것 세심하게 따져본다.

⑲ 나는 남들과 시비를 자주 벌이는 편이다.

⑳ 나는 공상을 자주 하며 공상에 잘 빠진다.

㉑ 나는 말을 잘하는 편이다.

㉒ 나는 한 가지 일에 푹 빠지기도 한다.

㉓ 나는 말을 잘한다는 말을 들어본 적이 여러 번 있다.

㉔ 나는 변덕이 있는 편이다.

㉕ 나는 집중력이 매우 높은 편이다.

6) 다음의 질문에서 15개 이상의 항목에 해당하면 이 직업이 적성에 맞는다고 할 수 있다. 금속기계 제작·금속기계 제작 판매·공구 및 금형제작 판매·자동차 생산직·자동차 정비와 관련된 일·자동차 영업사원·철근제작·보석 가공사·치과 기공사·항공공학 기술자·항공기 정비사·통신장비 운영자·통신케이블 설치 및 수리직·산업공학 기술자·상수도와 관련된 일·과학 교사·조선공학 기술자·선박 기관사·선박 검사원·중장비 제작·중장비 판

매·중장비 운전기사·전기전력공학 기술자·전기공사 기술자·
보석유통·금속유통과 관련된 일·동파이프 생산직·동파이프 제
작·동파이프 판매·자동차 부품생산·자동차부품 판매·전자제
품 수리·자동차 악세사리 판매점.

① 나는 장난감을 분해하거나 조립하는 것을 좋아한다.

② 나는 흰색을 좋아하는 편이다.

③ 나는 내가 생각해도 냉정한 것 같다.

④ 나는 기계에 관심이 많다.

⑤ 나는 무슨 일이든 궁금한 것은 참지 못한다.

⑥ 나는 남의 감정이나 기분을 잘 인정하지 않는 경우가 많다.

⑦ 나는 외모와 말투가 단정한 편이다.

⑧ 나는 성실하고 근면하며 책임감이 있다고 생각한다.

⑨ 나는 현실에 잘 적응하며 지극히 현실적이다.

⑩ 나는 표현력이 부족한 편이다.

⑪ 나는 남을 날카롭게 비판하는 경우가 있다.

⑫ 나는 투우경기를 보면서 짜릿한 쾌감을 느낀다.

⑬ 나는 쇠붙이를 만지면 찬기운보다 친밀감을 느낄 때가 많다.

⑭ 나는 기계를 만지는 일을 하고 싶을 때가 있었다.

⑮ 나는 정리정돈을 잘하는 편이다.

⑯ 나는 내가 주장하는 일은 끝까지 우기는 편이다.

⑰ 나는 성격이 강하다고 생각한 적이 종종 있다.

⑱ 나는 빈틈이 없고 조심성도 있다.

⑲ 나는 남들과 시비하면 물러서지 않고, 상대방을 조금만 건드려
도 상대방이 다치는 경우가 종종 있다.

⑳ 나는 변화와 개혁을 좋아하며 이것저것 잘 뜯어고치기도 한다.

㉑ 나는 무슨 일이든 내 계획대로 해야 마음이 편하다.

㉒ 나는 기계공작 시간이 기다려지기도 한다.

㉓ 나는 다른 과목보다 과학점수가 좋은 편이다.

㉔ 나는 실패를 두려워하지 않는 강인한 정신력이 있다.

㉕ 나는 집중력이 매우 높은 편이다.

7) 다음의 질문에서 15개 이상의 항목에 해당하면 이 직업이 적성
에 맞는다고 할 수 있다. 기업인·은행가·은행원·사업가·금융
대출 사업자·금융대출 사무원·영화 제작사·회계사·세무사·
경리 사무직·세무공무원·재정공무원·금융관리자. 금융자산 운
용자·증권분석사·증권사 직원·투자 및 신용분석가·관세사·
변리사·투자 분석가.

① 나는 돈을 갖고 노는 것을 좋아한다.

② 나는 돈이 생기면 모을 생각을 먼저한다.

③ 나는 손해보는 일은 절대 하지 않는다.

④ 나는 용돈을 쓸 때도 꼭 써야 하는가를 따져본다.

⑤ 나는 돈을 함부로 쓰는 사람이 이상하다고 생각한다.

⑥ 나는 아무리 친한 친구라도 돈을 빌려주지 않는 편이다.

⑦ 나는 돈 얘기를 들으면 자다가도 벌떡 일어난다.

⑧ 나는 물건을 살 때 여러 곳에서 가격을 비교하고 사는 편이다.

⑨ 나는 물건을 살 때 꼼꼼하게 살피고 정당한 가격인지 생각한다.

⑩ 나는 은행놀이를 해본 적이 있다.

⑪ 나는 다른 것은 몰라도 계산은 정확하게 한다.

⑫ 나는 돈에 관한 것이라면 절대로 양보하지 않는다.

⑬ 나는 돈에 관한 것이라면 인정에 얽매이지 않는다.

⑭ 나는 내가 생각해도 냉정한 편이다.

⑮ 나는 가끔 사람이 돈으로 보일 때가 있다.

⑯ 나는 돈이 아까워 먹고 싶은 것을 사먹지 않은 적이 있다.

⑰ 나는 용돈을 타면 어떻게 쓸 것인가를 생각한다.

⑱ 나는 친구들보다 용돈이 잘 생기는 편이다.

⑲ 나는 돈을 아주 소중하게 여기며 간직하는 편이다.

⑳ 나는 쓰기 싫은 돈을 쓰고 아까워서 잠을 못 잘 때도 있었다.

㉑ 나는 돈만 벌 수 있다면 무슨 일이든 할 수 있다고 생각한다.

㉒ 나는 돈을 많이 만지는 상상을 자주 하는 편이다.

㉓ 나는 일을 서두르지 않고 신중하게 처리하는 편이다.

㉔ 나는 실패를 두려워하지 않는 강인한 정신력이 있다.

㉕ 나는 돈에 관한 일에는 매우 집중하는 편이다.

8) 다음의 질문에서 15개 이상의 항목에 해당하면 이 직업이 적성

에 맞는다고 할 수 있다. 보좌관·직장인·공무원.

① 나는 돈에 대한 애착이 별로 없다.

② 나는 돈이 생기면 쓸 생각부터 한다.

③ 나는 남들과 시비가 생기면 손해 보고 마는 편이다.

④ 나는 용돈이 생기면 하루에 다 쓰는 경우가 많다.

⑤ 나는 친구들을 만나면 돈을 먼저 내는 경우가 많다.

⑥ 나는 친하지 않아도 돈을 잘 빌려주는 편이다.

⑦ 나는 돈 얘기를 들으면 아무 감정이 생기지 않거나 부끄럽다.

⑧ 나는 물건을 살 때 가격을 따지지 않고 그냥 사는 편이다.

⑨ 나는 친구들에게 돈을 빌려 달라는 소리를 못한다.

⑩ 나는 남 앞에서 돈 얘기를 부끄러워서 잘 못한다.

⑪ 나는 친구가 장난감을 사면 따라서 사는 경우가 있다.

⑫ 나는 물건을 아껴쓰는 편이 아니다.

⑬ 나는 돈이나 물건이나 낭비가 심한 편이다.

⑭ 나는 인정이 많고 정 때문에 할 말을 못하는 경우가 많다.

⑮ 나는 돈많은 사람이 부러운 본 적이 거의 없다.

⑯ 나는 먹고 싶은 것이 있으면 우선 사먹는 편이다.

⑰ 나는 부모에게 용돈 달라는 말을 잘 못하는 편이다.

⑱ 나는 다른 친구들보다 용돈이 잘 생기는 편이다.

⑲ 나는 돈을 그냥 아무렇게나 주머니에 넣고 다니는 편이다.

⑳ 나는 돈을 쓴 후에는 당연한 곳에 썼다고 생각하는 편이다.

㉑ 나는 돈을 악착같이 벌어야겠다는 생각을 별로 하지 않는다.

㉒ 나는 돈이 있어도 그만 없어도 그만이라고 생각하는 편이다.

㉓ 나는 무슨 일이든 신중하지 못하고 덤벙대는 편이다.

㉔ 나는 실패가 두려워 망설이는 경우가 많은 편이다.

㉕ 나는 돈과 관계된 일에는 별로 신경쓰고 싶지 않은 편이다.

9) 다음의 질문에서 15개 이상의 항목에 해당하면 이 직업이 적성에 맞는다고 할 수 있다. 일반연구직·예술가·작가·창작인·컴퓨터 보안전문가·시스템 엔지니어·환경공학 기술자·전기공학 기술자·컴퓨터 프로그래머·웹마스터·컴퓨터 하드웨어 엔지니어·컴퓨터 시스템 설계·분석가·시스템 소프트웨어 개발자·데이터 베이스 관리자·네트워크 시스템 분석가 및 개발자·시스템 운영관리자·컴퓨터게임 개발자.

① 나는 컴퓨터가 신기하여 분해해 본 적이 있다.

② 나는 매우 예민하며 섬세하다고 생각한다.

③ 나는 상상력이 풍부하다.

④ 나는 지극히 현실적이며 현실에 잘 적응한다.

⑤ 나는 컴퓨터게임을 좋아하며 어떻게 만들었을까를 생각해봤다.

⑥ 나는 장난감 분해와 조립을 여러 번 해본 적이 있다.

⑦ 나는 궁금한 것은 어떻게 해서라도 알아야 한다.

⑧ 나는 아무리 어려운 일이라도 끝까지 최선을 다한다.

⑨ 나는 어떤 물건을 보면 어떻게 만들었을까를 생각한 적이 있다.

⑩ 나는 기계를 조립하거나 만지는 것이 재미있다.

⑪ 나는 퍼즐게임을 즐기는 편이다.

⑫ 나는 수학이나 확률 등에 흥미가 있고 문제를 해결하려고 꼼꼼하게 생각하는 편이다.

⑬ 나는 기존의 것을 바꾸려는 성향이 강하다.

⑭ 나는 무엇이든지 잘 분석하는 편이다.

⑮ 나는 리더십이 있다고 생각한다.

⑯ 나는 사물을 빈틈없이 날카롭게 관찰하는 편이다.

⑰ 나는 다른 사람과 함께 일하는 것을 좋아한다.

⑱ 나는 사람을 만나는 것을 좋아하는 편이다.

⑲ 나는 내가 한 일은 끝까지 책임지는 성격이다.

⑳ 나는 창의력이 있다고 생각한다.

㉑ 나는 능동적이며 적극적이라고 생각한다.

㉒ 나는 드라마보다 논픽션이나 뉴스에 더 관심이 많다.

㉓ 나는 한 가지 일에 몰두하면 해결할 때까지 매달리는 편이다.

㉔ 나는 실패를 두려워하지 않는 강인한 정신력이 있다.

㉕ 나는 지극히 논리적이며 합리적이다.

10) 다음의 질문에서 15개 이상의 항목에 해당하면 이 직업이 적성에 맞는다고 할 수 있다. 축구 선수·농구 선수·배구 선수·하키 선수·핸드볼 선수·럭비 선수·테니스 선수·싸이클 선수·쇼트

트랙 선수·수영 선수·레슬링 선수·권투 선수·복싱 선수·태권도 선수·각종 스포츠 감독이나 강사.

① 나는 체력은 자신이 있다고 생각한다.

② 나는 지구력이 있다.

③ 나는 생각이 매우 깊은 편이다.

④ 나는 남 앞에 나서는 것을 좋아한다.

⑤ 나는 승패가 확실한 게임을 좋아한다.

⑥ 나는 고집이 강한 편이다.

⑦ 나는 무슨 일이든 지면 분해서 잠을 자지 못한다.

⑧ 나는 순발력이 매우 뛰어난 편이다.

⑨ 나는 매우 침착한 성격이다.

⑩ 나는 평소에는 내성적이나 일을 시작하면 적극적으로 바뀐다.

⑪ 나는 한 가지 일에 집착하면 다른 것은 생각하지 않는다.

⑫ 나는 이기고 싶으면 몸을 사리지 않는다.

⑬ 나는 피로가 빨리 풀리는 편이다.

⑭ 나는 참을성이 많고 기다릴 줄 아는 성격이다.

⑮ 나는 드라마나 영화보다 운동경기를 더 즐겨 보는 편이다.

⑯ 나는 혼자 게임하거나 노는 것을 즐기는 편이다.

⑰ 나는 자존심이 매우 강하며 무슨 일이든 지는 것을 싫어한다.

⑱ 나는 좋아하는 운동경기는 꼭 본다.

⑲ 나는 게임에 지면 왜 졌는가를 생각한다.

⑳ 나는 어떻게 하면 게임에 지지 않을까를 많이 생각한다.

㉑ 나는 유명한 운동선수들의 브로마이드를 많이 갖고 있다.

㉒ 나는 감정에 잘 흔들리지 않고 냉정하며 침착한 편이다.

㉓ 나는 사람들과 잘 어울리는 성격은 아니다.

㉔ 나는 실패를 두려워하지 않는 강인한 정신력이 있다.

㉕ 나는 순정만화보다 스포츠나 전쟁을 소재로 한 만화를 많이 보
는 편이다.

11) 다음의 질문에서 15개 이상의 항목에 해당하면 이 직업이 적성
에 맞는다고 할 수 있다. 야구 선수·양궁 선수·골프 선수·역도
선수·사격 선수.

① 나는 체력은 자신이 있다고 생각한다.

② 나는 지구력이 있다.

③ 나는 잠시도 가만히 있지 못하는 성격이다.

④ 나는 남 앞에 나서기를 좋아한다.

⑤ 나는 승패가 확실한 게임을 좋아한다.

⑥ 나는 고집이 강한 편이다.

⑦ 나는 무슨 일이든 남에게 지면 분해서 잠을 못 잔다.

⑧ 나는 순발력이 매우 뛰어난 편이다.

⑨ 나는 성격이 매우 활발하다.

⑩ 나는 평소에는 내성적이나 일을 시작하면 적극적으로 바뀐다.

⑪ 나는 한 가지 일에 집착하면 다른 것은 생각하지 않는다.

⑫ 나는 이기고 싶으면 몸을 사리지 않는다.

⑬ 나는 피로가 빨리 풀리는 편이다.

⑭ 나는 심한 운동을 한 후에는 피로보다 상쾌한 마음이 더 든다.

⑮ 나는 드라마나 영화보다 운동경기를 더 즐겨본다.

⑯ 나는 친구나 다른 사람과 잘 다투는 편이다.

⑰ 나는 자존심이 매우 강하며 무슨 일이든 지는 것은 싫어한다.

⑱ 나는 좋아하는 운동경기는 꼭 본다.

⑲ 나는 게임에 지면 왜 졌는가를 생각해 보기도 한다.

⑳ 나는 장난감 로봇끼리 싸움을 시켜본 일이 있다.

㉑ 나는 유명한 운동선수들의 브로마이드를 많이 갖고 있다.

㉒ 나는 감정에 잘 흔들리지 않고 냉정하며 침착한 편이다.

㉓ 나는 사람들과 어울리는 것을 좋아한다.

㉔ 나는 실패를 두려워하지 않는 강인한 정신력이 있다.

㉕ 나는 순정만화보다 스포츠나 전쟁을 소재로 한 만화를 많이 보는 편이다.

16.
이 세상에 귀하지 않은 존재는 없다

각종 최신무기를 사용하는 전쟁영화나 활이나 칼을 사용하는 사극을 보면 전쟁터에서 수없이 많은 사람이 다치거나 죽는다. 지위가 높은 사람들은 부하들이 죽든 말든 계속 진격하라고 명령한다. 그러면 더 많은 부하가 죽고 다친다. 필자는 이런 영화나 사극을 보면서 저 죽어가는 병사들도 모두 누군가의 귀한 아들이고 가장일 텐데 하는 생각이 많이 든다.

높은 사람의 진격하라는 말 한마디에 목숨을 초개처럼 던지는 것이다. 목숨은 하나밖에 없고 한 번 죽으면 다시 살릴 수도 없다. 이 세상에 태어난 것은 축복 중에서도 축복인데 전쟁터에서 죽어가는 저 수많은 생명들은 어떻게 한단 말인가?

물론 나라와 민족을 지키려면 싸울 수밖에 없으나 죽어가는 생명들은 힘없고 배우지 못한 사람들이라는 것이다. 특히 나폴레옹 시대에 프랑스군들이 싸우는 광경은 더 가관이다. 병사들이 일렬 횡대로 줄을 서서 맨 앞줄부터 총을 쏘면서 적군을 향해 진격한다. 그것도 총알을 막는 은폐물 하나도 없는 상태에서 똑바로 서서 진격한다. 그러다 총알에 맞으면 쓰러지고, 그 다음에는 뒷줄에 있는 병사들이 똑같은 방법으로 진격한다.

 이런 광경을 보면서 필자가 "웃기는 사람들이네. 사람 목숨이 목숨이 아니구먼" 하니, 옆에 있던 친구가 그 시절의 총이 단발총이기 때문에 그렇단다. "아무리 단발총이라도 은폐물을 이용하면서 진격해야 죽지 않고 적을 물리치지. 저렇게 서서 걸어가나?" 하니, 친구 왈 프랑스가 예의와 신의를 중시하고 자존심이 강한 나라여서 그렇다고 한다. "이거야 원! 자존심이 밥먹여 주는 것도 아니고, 사람의 목숨이 달려 있는데 자존심은 뭔 자존심? 그럼, 저 장군들한테 저렇게 진격하라고 하면 할 것 같은가?" 하니, 친구는 "글쎄?"라고 대답한다.

 프랑스만 그런 것이 아니라 우리나라 사극을 한 번 보자. 텔레비전에서 방영되었던 연개소문이나 대조영을 보면 성을 함락하라는 장군의 명령 한 마디에 수많은 병사가 성벽을 타고오르다 화살에 맞아죽거나 창에 찔려 죽거나 돌에 맞아죽는다. 그래도 이렇게 죽은 병사들은 좀 나은 편이다. 끓는 기름을 뒤집어 쓰고 죽는 병사들은 너무 비참하다. 차라리 총 한방이나 화살이나 창에 맞아 순간적으로 죽는 것이 낫지 뜨거운 기름에 튀겨져 죽는 것은 그야말로 최악이다.

나라를 지키는 목적은 민족의 존속과 번영을 유지하기 위한 것이지 자기 민족을 죽이려고 하는 것은 아닐텐데 말이다. 그런데도 지위가 높은 일부 사람들이 자신의 욕심 때문에 수많은 생명을 전쟁터에서 죽음에 이르게 하는 것은 역사 속에만 있는 것이 아니라 현재도 진행 중이다.

지금도 민주주의라는 미명 아래 힘있는 자들이 판을 친다. 힘없고 배우지 못한 사람들이 힘있고 배운 사람들에게 이용당하는 것이다. 약육강식. 강한 자만이 살아남을 수 있으니 약한 자가 도태되는 것은 어쩌면 당연한 일인지 모르나 사람이기 때문에 함께 살아가야 하지 않을까.

동물의 세계에서는 더 냉엄하다. 물개를 보면 힘이 센 수컷은 혼자 30~4백 마리의 암컷을 거느리며 살지만 힘이 없는 수컷은 암컷 근처에도 가보지 못하고 일생을 마감한다. 이 얼마나 비참한 일인가? 사람도 이와 마찬가지다. 그나마 다행인 것은 일부일처제라는 법이 있어서 힘있는 자들의 횡포를 조금은 제재할 수 있다는 것이다. 만일 일부다처제였다면 물개의 세계보다 덜 하지는 않았을 것이고, 힘없고 배우지 못한 사람들은 모두 자손이 끊기는 비극을 맛보았을지도 모른다.

그래서 사람들은 배우려고 노력하고 권력을 쥐려고 권모술수를 동원하는 것이다. 권력이 없으면 재물이라도 많거나 지식이라도 풍부해야 가진 자들에게 짓밟히지 않고 그들을 위해 목숨을 버리지 않아도 된다. 그러려면 공부하는 길밖에 없다.

과거 생활이 단조롭던 시절에는 공부하지 않아도 먹고 살 길이 있었으나 지금은 사회가 너무 복잡하고 다양해져서 공부하지 않으면 살기 어려운 시대가 되었다. 그리고 대학을 나온 사람이 너무 많아 대학교를 졸업해도 취직하기 어려운 시대가 된 것이다.

몇십 년 전만 해도 어디든 대학교를 나왔다고 하면 알아주었으나 요즘은 어느 대학교를 나왔는지가 중요하고, 일류대학을 나와야 명함이라도 내밀 수 있다. 게다가 좀더 큰소리를 치고 싶으면 외국유학을 갔다와야 하고, 석·박사학위는 기본이 된 지 이미 오래다. 앞으로 머지않아 학력이 갖추지 못한 사람들은 영원히 낙오되는 시대가 올 것이다. 그런데도 일부 부모들은 자식의 공부는 뒷전으로 미루고 살아간다.

이 사회에서 필요하지 않은 사람은 영원히 격리시키는 일이 생기지 말라는 보장은 없다. 법은 힘있는 자들이 만드는 것이기 때문에 자신들이 편하게 이용할 수 있도록 만들지 힘없는 사람들을 위해 만들지는 않는다. 그러니 힘있는 자들이 모여 힘없는 사람들을 격리시키는 법을 만들지 않는다고 누가 보장하겠는가.

다시 강조하지만 힘을 갖게 하는 것도 공부요. 권력을 쥐게 하는 것도 공부이니, 지금으로서는 공부밖에는 다른 방법이 없다. 재능이 있어도 공부하지 않으면 그 재능을 살릴 수 있는 길은 거의 없다. 부모가 아무리 재물이 많아도 힘이 없으면 관리하기도 힘들 뿐 아니라 모두 빼앗기고 말 것이다.

이처럼 우리가 사는 이 시대는 배우지 못한 사람은 절대로 돈을 벌 수 없는 구조이고, 앞으로는 그 정도가 더 심해질 것이다. 설마 하는 사람이 분명히 있을 것이다. 그러나 훗날 회한의 눈물을 흘리며 후회하지 말고 지금부터라도 노력하기 바란다.

지금은 아이만이 아니라 부모도 같이 배우고 공부해야 한다. 부모가 모르면서 어떻게 자식을 가르치고 지도하겠는가. 자식의 장래는 부모에게 달려 있다. 몇십 년 전에는 그냥 내버려 두어도 알아서 공부해서 성공도 하고 출세도 했지만 이제는 그런 기회는 거의 없다고 보아도 과언이 아니다. 그러니 부모가 열심히 도와주지 않으면 아이는 영원히 뒤쳐질 수밖에 없다.

채소를 키울 때 제대로 돌보지 않으면 잘 자라지 못하나 잡초도 뽑아주고 물도 주면서 정성을 들이면 아주 튼튼하게 잘 자란다. 자식도 마찬가지다. 그러니 열심히 관찰하고 지도해서 훌륭한 사람으로 성장할 수 있도록 최선을 다해야 한다.

17.
20%가 세상을 움직인다

어느 칼럼에서 읽었다. 이 세상을 움직이는 것은 전체 인구의 20%라고. 우리나라만 해도 심심찮게 매스컴을 타는 사람은 역시 전체의 20% 정도다. 이 20%의 법칙이 사람에게만 해당하는 것은 아니다. 자연의 법칙은 어디서도 같다. 다음의 이야기는 조금 다른 측면이지만 자연의 법칙이 얼마나 정확한가를 보여주는 일면이다.

어느 경제학자가 개미를 유심히 관찰해 보니 여왕개미는 열심히 알을 낳는데 빈둥빈둥 놀기만 하는 개미들이 있었다. 우리는 교과서에서 일하는 개미는 죽을 때까지 일만 한다고 배웠는데, 그 일하는 개미들 중에서 20%만 일을 하고 나머지 80%는 먹고 노는 것이 아닌가.

경제학자는 깜짝 놀라 실험해 보기로 하고 일만 하는 개미들과 놀기만 하는 개미들을 따로 옮겨놓았다. 그런데 열심히 일만 하던 개미들이 20%는 여전히 열심히 일하는데 80%는 먹고 놀고, 놀기만 하던 개미들도 80%여전히 먹고 노는데 20%는 열심히 일을 하더라는 것이다. 그래서 경제학자는 열심히 일하는 20%는 현재 필요로 하는 일꾼이고, 빈둥대는 80%는 유사시를 대비하는 일개미들이라는 것이다.

이것이 자연의 법칙이며 순리다. 개미들도 그 법칙에 따라 살아가는데, 사람이 그 법칙을 무시하며 자신이 세상에서 최고이며 최고로 살아가려고 악을 쓴다. 자연의 법칙을 거스르며 살아가는 방법이 있으면 얼마나 좋을까. 하고 싶은 대로 다 할 수 있으니 말이다.

태양계를 보라! 일정한 법칙에 의하여 제각각 공전과 자전을 하면서 서로를 견제하지만 충돌하지는 않는다. 밤하늘에서 반짝이는 수많은 별들도 모두 변함없이 그 자리를 지키고 있다. 만약에 위성이나 별들이 제 마음대로 움직였다면 우주는 벌써 산산조각이 나고 말았을 것이다.

이처럼 자연의 법칙에 의하여 태양계가 존재하듯이 우리가 숨을 쉬며 살아가는 지구도 자연의 법칙대로 움직이고, 그 지구에 의존하여 살아가는 모든 생명체도 자연의 법칙대로 살아가는 것이다. 이런 법칙을 무시하고 생명을 유지할 수 있는 방법은 없다. 자연의 순리를 따르는 것이 가장 현명한데도 사람들은 과욕 때문에 자신을 고통의 늪 속으로 빠져들어가게 만드는 것이다.

자신의 그릇이 종지인데도 아름답고 우아한 고려청자로 착각하며 사는 사람들이 너무 많다. 사람이 살아가면서 자기가 원하는 대로 되지 않는 일이 더 많다는 것을 부모들은 이미 알고 있으면서도 아이에게는 거부하라고 강요하는 것이 오늘의 부모들이다.

과연 삶의 목적은 무엇이고, 진정한 행복은 무엇인가? 인류의 역사가 시작한 이래 이 물음에 해답을 제시한 사람은 없다. 간혹 마음을 비우고 살아가는 것이 가장 행복하다고 하는 사람들이 있다. 과연 그럴까? 그들도 자신이 못다 이룬 꿈이나 죽지 않고 영원히 살고 싶은 욕심이나 무엇인가를 갖고 싶은 마음이 없을까?

행복한 삶이란 사람마다 생각하는 관점이 다르기 때문에 기준이 다르다. 필자가 생각하는 행복이란 잘 먹고 건강하게 사는 것이라고 생각한다. 자신의 그릇이 종지인데도 20%안에 들어가려고 과욕을 부리면 언젠가는 후회할 일만 남을 것이다. 부모들은 자기 자녀의 그릇을 알면서도 그것이 아니라고 우긴다. 호박에 줄 긋는다고 수박이 될 수 없듯이 그릇을 바꾸려고 해도 바꿀 수 없다. 종지이면 어떻고, 호박꽃이면 어떠랴. 종지이면 종지로, 호박꽃이면 호박꽃으로 자신의 역할을 다 하면서 살면 그것이 행복한 삶 아닐까.

나로 인해서 이 세상에 온 내 아이를 왜 다른 사람의 분신으로 만들려고 하는지 이해하기 어렵다. 아무리 호주제도가 없어졌다고 해도 DNA는 절대로 바뀌지 않고 내 아이는 내 아이일 뿐이다. 이 책을 다 읽고도 자녀를 다른 사람의 분신으로 만들려고 애쓰는 부모는 반드시 있을 것이다. 세상의 모든 아이들이 아름답고 행복한 삶을 살아갔으면 하는 간절한 마음에서 부모들에게 부탁한다. 부모의 욕심 때문에 아이를 고통의 늪으로 밀어넣지 말라고.

음파메세지(氣) 성명학

신비한 동양철학 51

새로운 시대에 맞는 새로운 성명학

지금까지의 모든 성명학은 모순의 극치를 이루고 있다. 이제 새로운 시대에 맞는 음파메세지(氣) 성명학이 탄생했으니 차근차근 읽어보고 복을 계속 부르는 이름을 지어 사랑하는 자녀가 행복하고 아름다운 삶을 살아갈 수 있도록 하는데 도움이 되었으면 한다.

· 청암 박재현 저

정법사주

신비한 동양철학 49

독학과 강의용 겸용의 책

이 책은 사주추명학을 연구하고자 하는 분들에게 심오한 주역의 이해를 돕고자 하는 의도에서 시작되었다. 음양오행의 상생상극에서부터 육친법과 신살법을 기초로 하여 격국과 용신 그리고 유년판단법을 활용하여 운명판단에 첩경이 될 수 있도록 했고, 추리응용과 운명감정의 실례를 하나 하나 들어가면서 독학과 강의용 겸용으로 엮었다.

· 원각 김구현 저

기문둔갑옥경

신비한 동양철학 32

가장 권위있고 우수한 학문！

우리나라의 기문역사는 장구하지만 상세한 문헌은 전무한 상태라 이 책을 발간하기로 했다. 기문둔갑은 천문지리는 물론 인사명리 등 제반사에 관한 길흉을 판단함에 있어서 가장 우수한 학문이며 병법과 법술방면으로도 특징과 장점이 있다. 초학자는 포국편을 열심히 익혀 설국을 자유자재로 할 수 있도록 하고 개인의 이익보다는 보국안민에 일조하기 바란다.

· 도관 박흥식 저

정본·관상과 손금

신비한 동양철학 42

바로 알고 사람을 사귑시다

이 책은 관상과 손금은 인생을 행복으로 이끌기 위해 있다는 관점에서 다루었다. 그야말로 관상과 손금의 혁명이라고 할 수 있을 것이다. 여러분도 관상과 손금을 통한 예지력으로 인생의 참주인이 되기 바란다. 용기를 불어넣어 주고 행복을 찾게 하는 것이 참다운 관상과 손금술이다. 이 책으로 미래의 좋은 예지력을 한번쯤 발휘해 보기 바란다. 이 책이 일상사에 고민하는 분들에게 해결방법을 제시해 줄 것이다.

· 지창룡 감수

조화원약 평주

신비한 동양철학 35

명리학의 정통교본!

이 책은 자평진전, 난강망, 명리정종, 적천수 등과 함께 명리학의 교본에 해당하는 것으로 중국 청나라 때 나온 난강망이라는 책을 서낙오 선생께서 설명을 붙인 것이다. 기존의 많은 책들이 격국과 용신으로 감정하는 것과는 달리 십간십이지와 음양오행을 각각 자연의 이치와 춘하추동의 사계절의 흐름에 대입하여 인간의 길흉화복을 알 수 있게 했다.

· 동하 정지호 편역

용의 혈·풍수지리 실기 100선

신비한 동양철학 30

실전에서 실감나게 적용하는 풍수지리의 길잡이!

이 책은 풍수지리 문헌인 조선조 고무엽(古務葉) 태구승(泰九升) 부집필(父輯筆)로 된 만두산법(巒頭山法), 채성우의 명산론(明山論), 금랑경(錦囊經) 등을 알기 쉬운 주제로 간추려 풍수지리의 길잡이가 되고자 했다. 그리고 인간의 뿌리와 한 사람의 고유한 이름의 중요성을 풍수지리와 연관하여 살펴보아야 하기 때문에 씨족의 시조와 본관, 작명론(作名論)을 같이 편집했다.

· 호산 윤재우 저

천직·사주팔자로 찾은 나의 직업

신비한 동양철학 34

역경없이 탄탄하게 성공할 수 있는 방법 !

잘 되겠지 하는 막연한 생각으로 의욕만 갖고 도전하는 것과 나에게 맞는 직종은 무엇이고 때는 언제인가를 알고 도전하는 것은 근본적으로 다르고, 결과 또한 다르다. 더구나 요즈음은 I.M.F.시대라 하여 모든 사람들이 정신까지 위축되어 생기를 잃어가고 있다. 이런 때 의욕만으로 팔자에도 없는 사업을 시작했다고 하자, 결과는 불을 보듯 뻔하다. 그러므로 이런 때일수록 침착과 냉정을 찾아 내 그릇부터 알고, 생활에 대처하는 지혜로움을 발휘해야 한다.

· 백우 김봉준 저

통변술해법

신비한 동양철학 ㉑

가닥가닥 풀어내는 역학의 비법 !

이 책은 역학에 대해 다 알면서도 밖으로 표출되지 않아 어려움을 겪는 사람들을 위한 실습서다. 특히 틀에 박힌 교과서적인 역술의 고정관념에서 벗어나, 한차원 높게 공부할 수 있도록 원리통달을 설명하는데 중점을 두었다. 실명감정과 이론강의라는 두 단락으로 나누어 역학의 진리를 설명했기 때문에 누구나 쉽게 이해할 수 있다. 역학계의 대가 김봉준 선생의 역서 「알기쉬운 해설·말하는 역학」의 후편이다.

· 백우 김봉준 저

주역육효 해설방법 上·下

신비한 동양철학 38

한 번만 읽으면 주역을 활용할 수 있는 책!

이 책은 주역을 해설한 것으로, 될 수 있는 한 여러 가지 사설을 덧붙이지 않고 주역을 공부하고 활용하는데 필요한 요건만을 기록했다. 따라서 주역의 근원이나 하도낙서, 음양오행에 대해서도 많은 설명을 자제했다. 다만 누구나 이 책을 한 번 읽어서 주역을 이해하고 활용할 수 있도록 하는데 중점을 두었다.

· 원공선사 저

사주명리학 핵심

신비한 동양철학 ⑲

맥을 잡아야 모든 것이 보인다!

이 책은 잡다한 설명을 배제하고 명리학자들에게 도움이 될 비법만을 모아 엮었기 때문에 초심자가 이해하기에는 다소 어려운 부분도 있겠지만 기초를 튼튼히 한 다음 정독한다면 충분히 이해할 것이다. 신살만 늘어놓으며 감정하는 사이비가 되지말기를 바란다.

· 도관 박흥식 저

이렇게 하면 좋은 운이 온다

신비한 동양철학 ㉗

한 가정에 한 권씩 놓아두고 볼만한 책!

좋은 운을 부르는 방법은 방위·색상·수리·년운·월
운·날짜·시간·궁합·이름·직업·물건·보석·맛·
과일·기운·마을·가축·성격 등을 정확하게 파악하
여 자신에게 길한 것은 취하고 흉한 것은 피하면 된다.
간혹 예외인 경우가 있지만 극소수에 불과하고 대부분
은 적중하기 때문에 좋은 효과를 본다. 이 책의 저자는
신학대학을 졸업하고 역학계에 입문했다는 특별한 이
력을 갖고 있기 때문에 더 많은 화제가 되고 있다.

· 역산 김찬동 저

말하는 역학

신비한 동양철학 ⑪

신수를 묻는 사람 앞에서 말문이 술술 열린다!

이 책은 그토록 어렵다는 사주통변술을 이해하기 쉽고
흥미롭게 고담과 덕담을 곁들여 사실적인 인물을 궁금
해 하는 사람에게 생동감있게 통변하고 있다. 길흉작용
을 어떻게 표현하느냐에 따라 상담자의 정곡을 찔러
핵심을 끄집어내고 여기에 대한 정답을 내려주는 것이
통변술이다. 역학계의 대가 김봉준 선생의 역작이다.

· 백우 김봉준 저

술술 읽다보면 통달하는 사주학

신비한 동양철학 ㉗

술술 읽다보면 나도 어느새 도사 !

당신은 당신 마음대로 모든 일이 이루어지던가. 지금까지 누구의 명령을 받지 않고 내 맘대로 살아왔다고, 운명 따위는 믿지도 않고 매달리지 않는다고, 이렇게 말하는 사람들이 많다. 그러나 그것은 우주법칙을 모르기 때문에 하는 소리다.

· 조철현 저

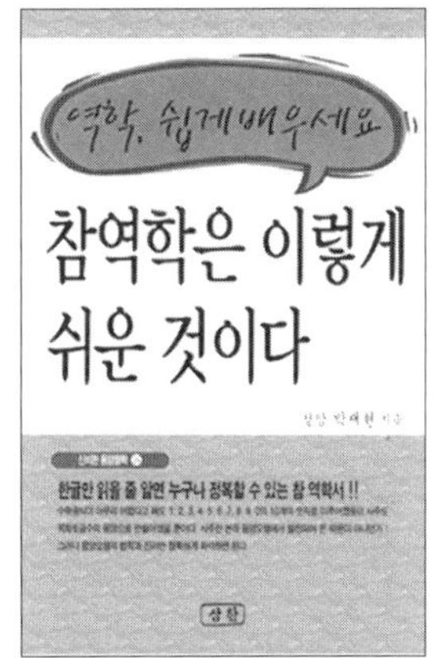

참역학은 이렇게 쉬운 것이다

신비한 동양철학 ㉔

음양오행의 이론으로 이루어진 참역학서 !

수학공식이 아무리 어렵다고 해도 1, 2, 3, 4, 5, 6, 7, 8, 9, 0의 10개의 숫자로 이루어졌듯이, 사주도 음양과 목, 화, 토, 금, 수의 오행으로 이루어졌을 뿐이다. 그러니 용신과 격국이라는 무거운 짐을 벗어버리고 음양오행의 법칙과 진리만 정확하게 파악하면 된다. 사주는 단지 음양오행의 변화일 뿐이고, 용신과 격국은 사주를 감정하는 한가지 방법에 지나지 않는다.

· 청암 박재현 저

나의 천운 운세찾기

신비한 동양철학 ⑫

놀랍다는 몽골정통 토정비결 !

이 책은 역학계의 대가 김봉준 선생이 놀랍다는 몽공토정비결을 연구 ·분석하여 우리의 인습 및 체질에 맞게 엮은 것이다. 운의 흐름을 알리고자 호운과 쇠운을 강조했으며, 현재의 나를 조명해보고 판단할 수 있도록 했다. 모쪼록 생활서나 안내서로 활용하기 바란다.

· 백우 김봉준 저

쉽게푼 역학

신비한 동양철학 ❷

쉽게 배워서 적용할 수 있는 생활역학서 !

이 책에서는 좀더 많은 사람들이 역학의 근본인 우주의 오묘한 진리와 법칙을 깨달아 보다 나은 삶을 영위하는데 도움이 될 수 있도록 가장 쉬운 언어와 가장 쉬운 방법으로 풀이했다. 역학계의 대가 김봉준 선생의 역작이다.

· 백우 김봉준 저

이름이 운명을 바꾼다

신비한 동양철학 ㉕

이름은 제2의 자신이다 !

이름에는 각각 고유의 뜻과 기운이 있어서 그 기운이 성격을 만들고 그 성격이 운명을 만든다. 나쁜 이름은 부르면 부를수록 불행을 부르고 좋은 이름은 부르면 부를수록 행복을 부른다. 만일 이름이 거지 같다면 아무리 운세를 잘 만나도 밥을 좀더 많이 얻어 먹을 수 있을 뿐이다. 이 책의 저자는 신학대학을 졸업하고 역학계에 입문했다는 특별한 이력을 갖고 있기 때문에 더 많은 화제가 되고 있다.

· 역산 김찬동 저

작명해명

신비한 동양철학 ㉖

누구나 쉽게 배워서 활용할 수 있는 체계적인 작명법 !

일반적인 성명학으로는 알 수 없는 한자이름, 한글이름, 영문이름, 예명, 회사명, 상호, 상품명 등의 작명방법을 여러 사례를 들어 체계적으로 분석하여 누구나 쉽게 배워서 활용할 수 있도록 서술했다.

· 도관 박홍식 저

관상오행

신비한 동양철학 ⑳

한국인의 특성에 맞는 관상법!

좋은 관상인 것 같으나 실제로는 나쁘거나 좋은 관상이 아닌데도 잘 사는 사람이 왕왕있어 관상법 연구에 흥미를 잃는 경우가 있다. 이것은 중국의 관상법만을 익히고, 우리의 독특한 환경적인 특징을 소홀히 다루었기 때문이다. 이에 우리 한국인에게 알맞는 관상법을 연구하여 누구나 관상을 쉽게 알아보고 해석할 수 있도록 자세하게 풀어놓았다.

· 송파 정상기 저

물상활용비법

신비한 동양철학 31

물상을 활용하여 오행의 흐름을 파악한다!

이 책은 물상을 통하여 오행의 흐름을 파악하고, 운명을 감정하는 방법을 연구한 책이다. 추명학의 해법을 연구하고 운명을 추리하여 오행에서 분류되는 물질의 운명 줄거리를 물상의 기물로 나들이 하는 활용법을 주제로 했다. 팔자풀이 및 운명해설에 관한 명리감정법의 체계를 세우는데 목적을 두고 초점을 맞추었다.

· 해주 이학성 저

운세십진법 · 本大路

신비한 동양철학 ❶

운명을 알고 대처하는 것은 현대인의 지혜다 !

타고난 운명은 분명히 있다. 그러니 자신의 운명을 알고 대처한다면 비록 운명을 바꿀 수는 없지만 충분히 향상시킬 수 있다. 이것이 사주학을 알아야 하는 이유다. 이 책에서는 자신이 타고난 숙명과 앞으로 펼쳐질 운명행로를 찾을 수 있도록 운명의 기초를 초연하게 설명하고 있다.

· 백우 김봉준 저

국운 · 나라의 운세

신비한 동양철학 ㉒

역으로 풀어본 우리나라의 운명과 방향 !

아무리 서구사상의 파고가 높다하기로 오천년을 한결같이 가꾸며 살아온 백두의 혼이 와르르 무너지는 지경에 왔어도 누구하나 입을 열어 말하는 사람이 없으니 답답하다. IMF라는 특수한 상황에서 불확실한 내일에 대한 해답을 이 책은 명쾌하게 제시하고 있다.

· 백우 김봉준

명인재

신비한 동양철학 43

신기한 사주판단 비법 !

살(殺)의 활용방법을 완벽하게 제시하는 책!

이 책은 오행보다는 주로 살을 이용하는 비법이다. 시중에 나온 책들을 보면 살에 대해 설명은 많이 하면서도 실제 응용에서는 무시하고 있다. 이것은 살을 알면서도 응용할 줄 모르기 때문이다. 그러나 이 책에서는 살의 활용방법을 완전히 터득해, 어떤 살과 어떤 살이 합하면 어떻게 작용하는지를 자세하게 설명하고 있다.

· 원공선사 지음

사주학의 방정식

신비한 동양철학 18

가장 간편하고 실질적인 역서 !

이 책은 종전의 어려웠던 사주풀이의 응용과 한문을 쉬운 방법으로 터득할 수 있게 하는데 목적을 두었고, 역학의 내용이 어떤 것이며 무엇이 어디에 속하는지를 알고자 하는데 있다.

· 김용오 저

원토정비결

신비한 동양철학 53

반쪽으로만 전해오는 토정비결의 완전한 해설판

지금 시중에 나와 있는 토정비결에 대한 책들을 보면 옛날부터 내려오는 완전한 비결이 아니라 반쪽의 책이다. 그러나 반쪽이라고 말하는 사람이 없다. 그것은 주역의 원리를 모르기 때문이다. 따라서 늦은 감이 없지 않으나 앞으로의 수많은 세월을 생각하면서 완전한 해설본을 내놓기로 한 것이다.

· 원공선사 저

내가 보고 내가 바꾸는 DIY사주

신비한 동양철학 40

내가 보고 내가 바꾸는 사주비결 !

이 책은 기존의 책들과는 달리 한 사람의 사주를 체계적으로 도표화시켜 한 눈에 파악할 수 있고, DIY라는 책 제목에서 말하듯이 개운하는 방법을 제시하고 있다. 초심자는 물론 전문가도 자신의 이론을 새롭게 재조명해 볼 수 있는 케이스 스터디 북이다.

· 석오 전 광 지음

남사고의 마지막 예언

신비한 동양철학 29

이 책으로 격암유록에 대한 논란이 끝나기 바란다

감히 이 책을 21세기의 성경이라고 말한다. 〈격암유록〉은 섭리가 우리민족에게 준 위대한 복음서이며, 선물이며, 꿈이며, 인류의 희망이다. 이 책에서는 〈격암유록〉이 전하고자 하는 바를 주제별로 정리하여 문답식으로 풀어갔다. 이 책으로 〈격암유록〉에 대한 논란은 끝나기 바란다.

· 석정 박순용 저

진짜부적 가짜부적

신비한 동양철학 7

부적의 실체와 정확한 제작방법

인쇄부적에서 가짜부적에 이르기까지 많게는 몇백만원에 팔리고 있다는 보도를 종종 듣는다. 그러나 부적은 정확한 제작방법에 따라 자신의 용도에 맞게 스스로 만들어 사용하면 훨씬 더 좋은 효과를 얻을 수 있다. 이 책은 중국에서 정통부적을 연구한 국내유일의 동양오술학자가 밝힌 부적의 실체와 정확한 제작방법을 소개하고 있다.

· 오상익 저

한눈에 보는 손금

신비한 동양철학 52

논리정연하며 바로미터적인 지침서

이 책은 수상학의 연원을 초월해서 동서합일의 이론으로 집필했다. 그야말로 완벽하리만치 논리정연한 수상학을 정리한 것이다. 그래서 운명적, 철학적, 동양적, 심리학적인 면을 예증과 방편에 이르기까지 아주 상세하게 기술했다. 이 책은 수상학이라기 보다 한 인간의 바로미터적인 지침서 역할을 해줄 것이다. 독자 여러분의 꾸준한 연구와 더불어 인생성공의 지침서가 될 수 있을 것이다.

· 정도명 저

만세력 | 사륙배판 · 신국판
사륙판 · 포켓판

신비한 동양철학 45

찾기 쉬운 만세력

이 책은 완벽한 만세력으로 만세력 보는 방법을 자세하게 설명했다. 그리고 역학에 대한 기본적인 내용과 결혼하기 좋은 나이 · 좋은 날 · 좋은 시간, 아들 · 딸 태아감별법, 이사하기 좋은 날 · 좋은 방향 등을 부록으로 실었다.

· 백우 김봉준 저

수명비결

신비한 동양철학 14

주민등록번호 13자로 숙명의 정체를 밝힌다

우리는 지금 무수히 많은 숫자의 거미줄에 매달려 허우적거리며 살아가고 있다. 1분 ·1초가 생사를 가름하고, 1등·2등이 인생을 좌우하며, 1급·2급이 신분을 구분하는 세상이다. 이 책은 수명리학으로 13자의 주민등록번호로 명예, 재산, 건강, 수명, 애정, 자녀운 등을 미리 읽어본다.

· 장충한 저

운명으로 본 나의 질병과 건강상태

신비한 동양철학 9

타고난 건강상태와 질병에 대한 대비책

이 책은 국내 유일의 동양오술학자가 사주학과 더불어 정통명리학의 양대산맥을 이루는 자미두수 이론으로 임상실험을 거처 작성한 표준자료다. 따라서 명리학을 응용한 최초의 완벽한 의학서로 질병을 예방하고 치료하는데 활용한다면 최고의 의사가 될 것이다. 또한 예방의학적인 차원에서 건강을 유지하는데 훌륭한 지침서로 현대의학의 새로운 장을 여는 계기가 될 것이다.

· 오상익 저

오행상극설과 진화론

신비한 동양철학 5

인간과 인생을 떠난 천리란 있을 수 없다

과학이 현대를 설정하여 설명하고 있으나 원리는 동양 철학에도 있기에 그 양면을 밝히고자 노력했다. 우주에서 일어나는 모든 일을 과학으로 설명될 수는 없다. 비과학적이라고 하기보다는 과학이 따라오지 못한다고 설명하는 것이 더 솔직하고 옳은 표현일 것이다. 특히 과학분야에 종사하는 신의사가 저술했다는데 더 큰 화제가 되고 있다.

· 김태진 저

사주학의 활용법

신비한 동양철학 17

가장 실질적인 역학서

우리가 생소한 지방을 여행할 때 제대로 된 지도가 있다면 편리하고 큰 도움이 되듯이 역학이란 이와같은 인생의 길잡이다. 예측불허의 인생을 살아가는데 올바른 안내자나 그 무엇이 있다면 그 이상 마음 든든하고 큰 재산은 없을 것이다.

· 학선 류래웅 저

쉽게 푼 주역

신비한 동양철학 10

귀신도 탄복한다는 주역을 쉽고 재미있게 풀어놓은 책

주역이라는 말 한마디면 귀신도 기겁을 하고 놀라 자빠진다는데, 운수와 일진이 문제가 될까. 8×8=64괘라는 주역을 한 괘에 23개씩의 회답으로 해설하여 1472괘의 신비한 해답을 수록했다. 당신이 당면한 문제라면 무엇이든 해결할 수 있는 열쇠가 이 한 권의 책 속에 있다.

· 정도명 저

핵심 관상과 손금

신비한 동양철학 54

사람을 볼 줄 아는 안목과 지혜를 알려주는 책

오늘과 내일을 예측할 수 없을만큼 복잡하게 펼쳐지는 현실에서 살아남기 위해서는 사람을 볼줄 아는 안목과 지혜가 필요하다. 시중에 관상학에 대한 책들이 많이 나와있지만 너무 형이상학적이라 전문가도 이해하기 어렵다. 이 책에서는 누구라도 쉽게 보고 이해할 수 있도록 핵심만을 파악해서 설명했다.

· 백우 김봉준 저

진짜궁합 가짜궁합

신비한 동양철학 8

남녀궁합의 새로운 충격

중국에서 연구한 국내유일의 동양오술학자가 우리나라 역술가들의 궁합법이 잘못되었다는 것을 학술적으로 분석·비평하고, 전적과 사례연구를 통하여 궁합의 실체와 타당성을 분석했다. 합리적인 「자미두수궁합법」과 「남녀궁합」 및 출생시간을 몰라 궁합을 못보는 사람들을 위하여 「지문으로 보는 궁합법」 등을 공개한다.

· 오상익 저

좋은꿈 나쁜꿈

신비한 동양철학 15

그날과 앞날의 모든 답이 여기 있다

개꿈이란 없다. 꿈은 반드시 미래를 예언한다. 이 책은 프로이드의 정신분석학적인 입장이 아닌 미래판단의 근거에 입각한 예언적인 해몽학이다. 여러 형태의 꿈을 체계적으로 정리했으니 올바른 해몽법으로 앞날을 지혜롭게 대처해 보자. 모쪼록 각 가정에서 한 권씩 두고 이용하면 생활하는데 많은 도움이 될 것이다.

· 학선 류래웅 저

완벽 만세력

신비한 동양철학 58

착각하기 쉬운 썸머타임 2도 인쇄

시중에 많은 종류의 만세력이 나와있지만 이 책은 단순한 만세력이 아니라 완벽한 만세경전으로 만세력 보는 법 등을 실었기 때문에 처음 대하는 사람이라도 쉽게 볼 수 있도록 편집되었다. 또한 부록편에는 사주명리학, 신살종합해설, 결혼과 이사택일 및 이사방향, 길흉보는 법, 우주천기와 한국의 역사 등을 수록했다.

・백우 김봉준 저

주역・토정비결

신비한 동양철학 40

토정비결의 놀라운 비결

지금 시중에 나와 있는 토정비결에 대한 책들을 보면 옛날부터 내려오는 완전한 비결이 아니라 반쪽의 책이다. 그러나 반쪽이라고 말하는 사람이 없다. 그것은 주역의 원리를 모르기 때문이다. 따라서 늦은 감이 없지 않으나 앞으로의 수많은 세월을 생각하면서 완전한 해설본을 내놓기로 했다.

・원공선사 저

현장 지리풍수

신비한 동양철학 48

현장감을 살린 지리풍수법

풍수를 업으로 삼는 사람들이 진(眞)과 가(假)를 분별할 줄 모르면서 24산의 포태사묘의 법을 익히고는 많은 법을 알았다고 자부하며 뽐내고 있다. 그리고는 재물에 눈이 어두워 불길한 산을 길하다 하고, 선하지 못한 물(水)을 선하다 하면서 죄를 범하고 있다. 이는 분수 밖의 것을 망녕되게 바라기 때문이다. 마음 가짐을 바로하고 고대 원전에 공력을 바치면서 산간을 실사하며 적공을 쏟으면 정교롭고 세밀한 경지를 얻을 수 있을 것이다.

· 전항수 · 주관장 편저

완벽 사주와 관상

신비한 동양철학 55

사주와 관상의 핵심을 한 권에

자연과 인간, 음양(陰陽)오행과 인간, 사계와 절후, 인상(人相)과 자연, 신(神)들의 이야기 등등 우리들의 삶과 관계되는 사실적 관계로만 역(易)을 설명해 누구나 쉽게 이해할 수 있도록 썼으며 특히 역(易)에 대한 관심과 흥미를 갖게 하고자 인상학(人相學)을 추록했다. 여기에 추록된 인상학(人相學)은 시중에서 흔하게 볼 수 있는 상법(相法)이 아니라 생활상법(生活相法) 즉 삶의 지식과 상식을 드리고자 했으니 생활에 유익함이 있기를 바란다.

· 김봉준 · 유오준 공저

해몽 · 해몽법

신비한 동양철학 50

해몽법을 알기 쉽게 설명한 책

인생은 꿈이 예지한 시간적 한계에서 점점 소멸되어 가는 현존물이기 때문에 반드시 꿈의 뜻을 따라야 한다. 이것은 꿈을 먹고 살아가는 인간 즉 태몽의 끝장면인 죽음을 향해 달려가고 있는 인간이기 때문이다. 꿈은 우리의 삶을 이끌어가는 이정표와도 같기에 똑바로 가도록 노력해야 한다.

· 김종일 저

역점

신비한 동양철학 57

우리나라 전통 행운찾기

주역을 무조건 미신으로 치부해버리는 생각은 버려야 한다. 주역이 점치는 책에만 불과했다면 벌써 그 존재가 없어졌을 것이다. 그러나 오랫동안 많은 학자가 연구를 계속해왔고, 그 속에서 자연과학과 형이상학적인 우주론과 인생론을 밝혀, 정치·경제·사회 등 여러 방면에서 인간의 생활에 응용해왔고, 삶의 지침서로써 그 역할을 했다. 이 책은 한 번만 읽으면 누구나 역점가가 될 수 있으니 생활에 도움이 되길 바란다.

· 문명상 편저

명리학연구

신비한 동양철학 59

체계적인 명확한 이론

이 책은 명리학 연구에 핵심적인 내용만을 모아 하나의 독립된 장을 만들었다. 명리학은 분야가 넓어 공부를 하다보면 주변에 머무르는 경우가 많아, 주요 내용을 잃고 헤매는 경우가 많다. 그러므로 뼈대를 잡는 것이 중요한데, 여기서는 「17장. 명리대요」에 핵심 내용만을 모아 학문의 체계를 잡는데 용이하게 하였다.

· 권중주 저

쉽게 푼 풍수

신비한 동양철학 60

현장에서 활용하는 풍수지리법

산도는 매우 광범위하고, 현장에서 알아보기 힘들다. 더구나 지금은 수목이 울창해 소조산 정상에 올라가도 나무에 가려 국세를 파악하는데 애를 먹는다. 그러므로 사진을 첨부하니 많은 도움이 되길 바란다. 물론 결록에 있고 산도가 눈에 익은 것은 혈 사진과 함께 소개하니 참고하기 바란다. 이 책을 열심히 정독하면서 답산하면 혈을 알아보고 용산도 할 수 있을 것이다.

· 전항수 · 주장관 편저

올바른 작명법

신비한 동양철학 61

세상의 부모들에게 가장 소중한 것이 무엇이냐고 물으면 누구든 자녀라고 할 것이다. 그런데 왜 평생을 좌우할 이름을 함부로 짓는가. 이름이 얼마나 소중한지를. 이름의 오행작용이 사람의 일생을 어떻게 좌우하는지를 모르기 때문이다. 세상만물은 음양오행의 영향을 받지 않는 것이 없다. 봄이 가면 여름이 오고, 여름이 가면 가을이 오고, 가을이 가면 겨울이 오고, 겨울이 가면 봄이 오는 것 또한 음양오행의 원리다.

· 이정재 저

신수대전

신비한 동양철학 62

흉함을 피하고 길함을 부르는 방법

신수를 보는 방법은 여러 가지가 있는데 대부분이 주역과 사주추명학에 근거를 둔다. 수많은 학설 중에서 몇 가지를 보면 사주명리, 자미두수, 관상, 점성학, 구성학, 육효, 토정비결, 매화역수, 대정수, 초씨역림, 황극책수, 하락리수, 범위수, 월영도, 현무발서, 철판신수, 육임신과, 기문둔갑, 태을신수 등이다. 역학에 정통한 고사가 아니면 제대로 추단하기 어려운데 엉터리 술사들이 넘쳐난다. 그래서 누구나 자신의 신수를 볼 수 있도록 몇 가지를 정리했다.

· 도관 박흥식

음택양택

신비한 동양철학 63

현세의 운·내세의 운

이 책에서는 음양택명당의 조건이나 기타 여러 가지를 설명하여 산 자와 죽은 자의 행복한 집을 만들 수 있도록 했다. 특히 죽은 자의 집인 음택명당은 자리를 옳게 잡으면 꾸준히 생기를 발하여 흥하나, 그렇지 않으면 큰 피해를 당하니 돈보다도 행·불행의 근원인 음양택명당에 관심을 기울여야 한다.

· 전항수 · 주장관 지음

이런 집에 살아야 잘 풀린다

신비한 동양철학 64

운이 트이는 좋은 집 알아보는 비결

힘든 상황에서 내 가족이 지혜롭게 대처하고 건강을 지켜주는, 한마디로 운이 트이는 집은 모두의 꿈일 것이다. 가족이 평온하게 생활할 수 있는 집, 나가서는 발전을 가져다 줄 수 있는 그런 집이 있다면 얼마나 좋을까? 그런 소망에 한 걸음이라도 가까워지려면 막연하게 운만 기대해서는 안 된다. '호랑이를 잡으려면 호랑이 굴로 들어가라' 는 속담이 있듯이 좋은 집을 가지려면 그만한 노력이 있어야 한다.

· 강현술 · 박흥식 감수

사주에 모든 길이 있다

신비한 동양철학 65

사주를 간명하는데 조금이라도 도움이 되었으면 하는 바람에서 이 책을 쓰게 되었다. 간명의 근간인 오행의 왕쇠강약을 세분해서 설명했다. 그리고 대운과 세운, 세운과 월운의 연관성과, 십신과 여러 살이 운명에 미치는 암시와, 십이운성으로 세운을 판단하는 방법을 설명했다.

· 정담 선사 편저

사주학

신비한 동양철학 66

5대 원서의 핵심과 실용

이 책은 사주학을 체계적으로 공부하려는 학도들을 위해 꼭 알아야 할 내용과 용어를 수록하는데 중점을 두었다. 이 학문을 공부하려고 찾아온 사람들에게 여러 가지 질문을 던져보면 거의 기초지식이 시원치 않다. 그런 상태로 사주를 읽으려니 제대로 될 리가 없다. 이 책으로 용어와 제반지식을 터득하면 빠른 시일에 소기의 목적을 이룰 수 있을 것이다.

· 글갈 정대엽 저

주역 기본원리

신비한 동양철학 67

주역의 기본원리를 통달할 수 있는 책

이 책에서는 기본괘와 변화와 기본괘가 어떤 괘로 변했을 경우 일어날 수 있는 내용들을 설명하여 주역의 변화에 대한 이해를 돕는데 주력하였다. 그러나 그런 내용을 구분할 수 있는 방법을 전부 다 설명할 수는 없기에 뒷장에 간단하게설명하였고, 다른 책들과 설명의 차이점도 기록하였으니 참작하여 본다면 조금이나마 도움이 될 것이다.

· 원공선사 편저

사주특강

신비한 동양철학 68

자평진전과 적천수의 재해석

이 책은 『자평진전(子平眞詮)』과 『적천수(滴天髓)』를 근간으로 명리학(命理學)의 폭넓은 가치를 인식하고, 실전에서 유용한 기반을 다지는데 중점을 두고 썼다. 일찍이 『자평진전(子平眞詮)』을 교과서로 삼고, 『적천수(滴天髓)』로 보완하라는 서낙오(徐樂吾)의 말에 깊이 공감한다.

청월 박상의 편저

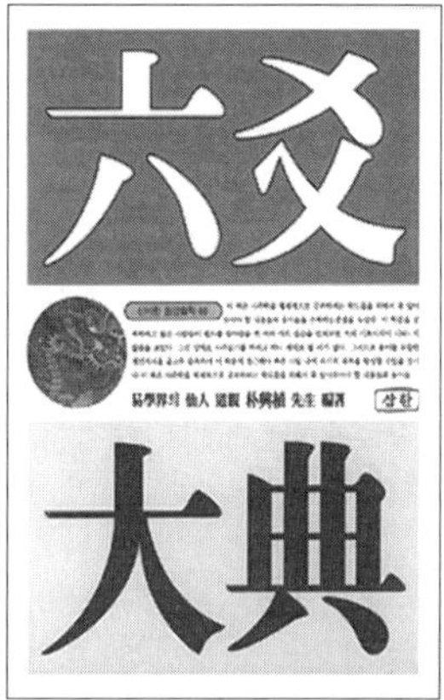

육효대전

신비한 동양철학 37

정확한 해설과 다양한 활용법

동양의 고전 중에서도 가장 대표적인 것이 주역이다. 주역은 옛사람들이 자연의 법칙을 거울삼아 인간이 생활을 영위해 나가는 처세에 관한 지혜를 무한히 내포하고, 피흉추길하는 얼과 슬기가 함축된 점서)인 동시에 수양·과학서요 철학·종교서라고 할 수 있다.

· 도관 박흥식 편저

사람을 보는 지혜

신비한 동양철학 73

관상학의 초보에서 완성까지

현자는 하늘이 준 명을 알고 있기에 부귀에 연연하지 않는다. 사람은 마음을 다스리는 심명이 있다. 마음의 명은 자신만이 소통하는 유일한 우주의 무형의 에너지이기 때문에 잠시도 잊으면 안된다. 관상학은 사람의 상으로 이런 마음을 살피는 학문이니 잘 이해하여 보다 나은 삶을 삶을 영위할 수 있도록 노력해야 한다.

· 이부길 편저

운을 잡으세요 | 개운비법

신비한 동양철학 76

염력강화로 삶의 문제를 해결한다!

염력(念力)이 강한 사람은 운명을 개척하며 행복하게 살고, 염력이 약한 사람은 운명의 노예가 되어 불행하게 살아간다. 때문에 행복과 불행은 누가 주는 것이 아니라 자기 자신이 만든다고 할 수 있다. 한 마디로 말해 의지의 힘, 즉 염력이 운명을 바꾸는 것이다. 이 책에서는 이러한 염력을 강화시켜 삶에서 일어나는 문제를 해결하는 방법을 알려준다. 누구나 가벼운 마음으로 읽고 실천한다면 반드시 목적을 이룰 수 있을 것이다.

• 역산 김찬동 편저

작명정론

신비한 동양철학 77

이름으로 보는 역대 대통령이 나오는 이치

사주팔자가 네 기둥으로 세워진 집이라면 이름은 그 집을 대표하는 문패라고 할 수 있다. 사람은 태어나면서 사주를 통해 운을 타고나고 이름이 주어진 순간부터 명(命)이 작용한다. 사주와 이름이 곧 운명을 결정한다는 것이다. 따라서 이름을 지을 때는 사주의 격에 맞추어야 한다. 사주 그릇이 작은 사람이 원대한 뜻의 이름을 쓰면 감당하지 못할 시련을 자초하게 되고 오히려 이름값을 못할 수 있다. 즉 분수에 맞는 이름으로 작명해야 하기 때문에 사주의 올바른 분석이 필요하다.

• 청월 박상의 편저

원심수기 통증예방 관리비법

신비한 동양철학 78

쉽게 배워 적용할 수 있는 통증관리법

이 책을 세상에 내놓는 것은 우리 전통 민중의술도 세상의 그 어떤 의술에 못지 않게 아주 훌륭한 치료술이 있고 그 전통이 수백 년, 또는 수천 년을 내려오면서 전해지고 있는데 현재 사회를 보면 무조건 외국에서 들어온 것만이 최고라고 하는 식으로 하여 우리의 전통 민중의술을 뿌리째 버리려고 하는데 문제가 있는 것 같기에 우리것을 지키고자 하는데 그 첫째의 목적이 있다 할 수 있을 것이다.

· 원공 선사 저

사주비기

신비한 동양철학 79

역학으로 보는 대통령이 나오는 이치 !!

이 책에서는 고서의 이론을 근간으로 하여 근대의 사주들을 임상하여, 적중도에 의구심이 가는 이론들은 과감하게 탈피하고 통용될 수 있는 이론만을 수용했다. 따라서 기존 역학서의 아쉬운 부분들을 충족시키며 일반인도 열정만 있으면 누구나 자신의 운명을 감정하고 피흉취길할 수 있는 생활지침서로 활용할 수 있을 것이다.

청월 박상의 편저

찾기 쉬운 명당

신비한 동양철학 44

풍수지리의 모든 것 !

이 책은 가능하면 쉽게 풀려고 노력했고, 실전에 도움이 되도록 했다. 특히 풍수지리에서 방향측정에 필수인 패철(佩鐵)사용과 나경(羅經) 9층을 각 층별로 간추려 설명했다. 그리고 이 책에 수록된 도설, 즉 오성도, 명산도, 명당 형세도 내거수 명당도, 지각(枝脚)형세도, 용의 과협출맥도, 사대혈형(穴形) 와겸유돌(窩鉗乳突) 형세도 등은 국립중앙도서관에 소장된 문헌자료인 만산도단, 만산영도, 이석당 은민산도의 원본을 참조했다.

· 호산 윤재우 저

명리입문

신비한 동양철학 41

명리학의 필독서 !

이 책은 자연의 기후변화에 의한 운명법 외에 명리학도들이 궁금해 했던 인생의 제반사들에 대해서도 상세하게 기술했다. 따라서 초보자부터 심도있게 공부한 사람들까지 세심히 읽고 숙독해야 하는 책이다. 특히 격국이나 용신뿐 아니라 십신에 대한 자세한 설명, 조후용신에 대한 보충설명, 인간의 제반사에 대해서는 독보적인 해설이 들어 있다. 초보자들에게는 더할 수 없이 훌륭한 길잡이가 될 것이다.

· 동하 정지호 편역

육효점 정론

신비한 동양철학 80

육효학의 정수!

이 책은 주역의 원전소개와 상수역법의 꽃으로 발전한 경방학을 같이 실어 독자들의 호기심을 충족시키는데 중점을 두었습니다. 주역의 원전으로 인화의 처세술을 터득하고, 어떤 사안의 답은 육효법을 탐독하여 찾으시기 바랍니다.

· 효명 최인영 편역

작명 백과사전

신비한 동양철학 81

36가지 이름짓는 방법과 선후천 역상법 수록

이름은 나를 대표하는 생명체이므로 몸은 세상을 떠날지라도 영원히 남는다. 성명운의 유도력은 후천적으로 가공 인수되는 후존적 수기로써 조성 운화되는 작용력이 있다. 선천수기의 운기력이 50%이면 후천수기도의 운기력도50%이다. 이와 같이 성명운의 작용은 운로에 불가결한조건일 뿐 아니라, 선천명운의 범위에서 기능을 충분히 할 수 있다.

· 임삼업 편저 | 송충석 감수

사주대성

신비한 동양철학 33

초보에서 완성까지

이 책은 과거 현재 미래를 모두 알 수 있는 비결을 실었다. 그러나 모두 터득한다는 것은 어려울 것이다.역학은 수천 년간 동방의 석학들에 의해 갈고 닦은 철학이요 학문이며, 정신문화로서 영과학적인 상수문화로서 자랑할만한 위대한 학문이다.

· 도관 박흥식 저

해몽정본

신비한 동양철학 36

꿈의 모든 것 !

막상 꿈해몽을 하려고 하면 내가 꾼 꿈을 어디다 대입시켜야 할지 모를 경우가 많았을 것이다. 그러나 이 책은 찾기 쉽고, 명료하며, 최대한으로 많은 갖가지 예를 들었으니 꿈해몽을 하는데 어려움이 없을 것이다.

· 청암 박재현 저

적천수 정설

신비한 동양철학 82

적천수 원문을 쉽고 자세하게 해설

적천수(滴天髓)는 명나라 개국공신인 유백온(劉伯溫) 선생이 처음으로 저술한 후 여러 사람이 각각 자신의 주장을 내세워 해설하여 오늘날에는 많은 분량이 되었다. 그러나 원래 유백온(劉伯溫) 선생이 저술한 적천수(滴天髓)의 원문은 내용이 그렇게 많지가 않다. 저자는 적천수(滴天髓) 원문을 보고 30년 역학(易學)의 경험을 총동원하여 감히 해설해 보았다.

· 역산 김찬동 편역

궁통보감 정설

신비한 동양철학 83

궁통보감 원문을 쉽고 자세하게 해설

『궁통보감(窮通寶鑑)』은 5대원서 중에서 가장 이론적이며 사리에 맞는 책이라고 생각한다. 이 책은 조후(調候)를 중심으로 설명하며 간명한 것이 특징이다. 역학을 공부하는 학도들에게 도움을 주려고 먼저 원문에 음독을 단 다음 해설하였다. 그리고 예문은 서낙오(徐樂吾) 선생이 해설한 것을 그대로 번역하였고, 저자가 상담한 사람들의 사주와 점서에 있는 사주들을 실었다.

· 역산 김찬동 편역

왕초보 내 사주

신비한 동양철학 84

초보 입문용 역학서

이 책은 역학을 너무 어렵게 생각하는 초보자들에게 조금이나마 도움을 주고자 쉽게 엮으려고 노력했다. 이 책을 숙지한 후 역학(易學)의 5대 원서인 『적천수(滴天髓)』, 『궁통보감(窮通寶鑑)』, 『명리정종(命理正宗)』, 『연해자평(淵海子平)』, 『삼명통회(三命通會)』에 접근한다면 훨씬 쉽게 터득할 수 있을 것이다. 이 책들은 저자가 이미 편역하여 삼한출판사에서 출간한 것도 있고, 앞으로 모두 갖출 것이니 많이 활용하기 바란다.

· 역산 김찬동 편저